RICHTIG

BLV SPORTPRAXIS TOP

Roland Denk

Fahrten-segeln

blv

Bibliografische Information Der Deutschen Bibliothek
Die Deutsche Bibliothek verzeichnet diese Publikation in der Deutschen Nationalbibliografie; detaillierte bibliografische Daten sind im Internet über http://dnb.ddb.de abrufbar

BLV Verlagsgesellschaft mbH
München Wien Zürich
80797 München

Zweite, neu bearbeitete Auflage (Neuausgabe)

BLV Sportpraxis Top

Lektorat: Bettina Gratzki
Layoutkonzeption: Parzhuber & Partner
Layout und DTP: Gaby Herbrecht, München
Herstellung: Rosemarie Schmid
Umschlaggestaltung: Joko Sander Werbeagentur, München

Gedruckt auf chlorfrei gebleichtem Papier

Printed in Germany · ISBN 3-405-16443-5

Roland Denk. Seit 1965 widmet sich der gelernte Sportphilologe intensiv seinem Spezialgebiet, dem Thema »Segelschule«. Seine Erfahrungen hat er nicht nur als Fahrten-, Hochsee- und Regattasegler gesammelt, sondern insbesondere als Segellehrer und Leiter des Segelzentrums der Münchner Hochschulen am Starnberger See. Für den Deutschen Segler-Verband war Roland Denk als junger Sportlehrer in mehrfacher Hinsicht tätig. Als Autor hat er bisher 12 Segel-Lehrbücher geschrieben, u. a. das Standardwerk »Neue Segelschule«.

Hinweis
Das vorliegende Buch wurde sorgfältig und nach neuesten Erkenntnissen der Wissenschaft erarbeitet. Dennoch erfolgen alle Angaben ohne Gewähr. Weder Autor noch Verlag können für eventuelle Nachteile oder Schäden, die aus den im Buch gegebenen praktischen Hinweisen resultieren, eine Haftung übernehmen.

Bildnachweis
Alle Fotos von Roland Denk, außer:
Cassens & Plath: S. 75, 76
Comar-Werft, Italien: S. 23 Mitte und unten
Simrad GmbH & Co. KG: S. 67

Umschlagfotos: Stefan Schorr (Vorderseite)
Roland Denk (Rückseite)

Grafiken: Jörg Mair, nach Vorlagen von Hellmut Hoffmann und Egon Quitta

In dieser Reihe sind
bisher erschienen:

Richtig Aerobic
Richtig Badminton
Richtig Basketball
Richtig Bergsteigen
Richtig Body-Styling
Richtig Carven
Richtig Fahrtensegeln
Richtig Fitness-Skating
Richtig Fußball
Richtig Golf
Richtig Golf länger und genauer
Richtig Golf rund ums Grün
Richtig Handball
Richtig Hanteltraining
Richtig Hochtouren
Richtig Inline-Skating
Richtig Jogging
Richtig Judo
Richtig Kanufahren
Richtig Karate
Richtig Marathon
Richtig Mountainbiken
Richtig Muskeltraining
Richtig Paragliding
Richtig Reiten
Richtig Rennradfahren
Richtig Schwimmen
Richtig Segeln
Richtig Skitouren
Richtig Snowboarding
Richtig Sporternährung
Richtig Sportklettern
Richtig Stretching
Richtig Taekwondo
Richtig Tai-Bo
Richtig Tanzen Lateinamerikanische Tänze
Richtig Tanzen Modetänze
Richtig Tanzen Standardtänze
Richtig Tauchen
Richtig Tennis
Richtig Tennistraining
Richtig Tischtennis
Richtig Torwarttraining
Richtig Trainieren im Fitness-Studio
Richtig Triathlon
Richtig Volleyball
Richtig Walking
Richtig Yoga

VORWORT 8

DIE FAHRTENYACHT 10

Hauptanforderungen, Baumaterial 10

Yachtlänge 10

Unterwasserschiff, Ruder 12

Rigg, Takelung, Segel 15

Kajüte 19

Deck, Cockpit 21

Inneneinrichtung 22

Motor, Beiboot 24

Ausrüstung 28

Chartern oder kaufen? 29

AUF FAHRT 31

Was muss ich können? 31

Ist das Boot klar zum Auslaufen? 32

Ruderführung, Rollenverteilung 33

HAFEN UND ANKERBUCHT 36

Vorüberlegungen 36

Drehen auf engem Raum 36

Festmachen 37

Wahl des Liegeplatzes 41

Das Liegeplatzmanöver 44

Ankern 48

SICHERHEIT 53

Kleidung 53

Sicherheitsausrüstung 55

Reffen 57

Verhalten bei schwerem Wetter 59

Mensch über Bord, Anbordnehmen 61

Notsignale 65

Inhalt

Navigation 67

Elektronische Navigation (GPS) 67
Traditionelle Navigationsarten 68
Schiffsort 68
Seekarte 70
Nautische Literatur 72
Kompass 74
Peilgeräte 76
Log, Fahrt, Distanz 76
Lot 78
Leuchtfeuer 79
Landmarken, Seezeichen, Betonnungssystem 82
Kursdreieck und Zirkel 86
Kursverwandlung 88
Abdrift und Strom 93
Standlinien 96
Schiffsortbestimmung durch Koppeln 97
Schiffsortbestimmung durch Peilen 98

Gezeiten 102

Entstehung, Grundbegriffe 102
Springzeit und Nippzeit 104
Kartennull, Wassertiefe 105
Gezeitenberechnungen 105
Umgang mit Gezeitenstrom 107

Wetter 108

Wetterkenntnisse des Skippers 108
Luftdruck und Isobaren 108
Fronten 111
Wind und Seegang 113
Spezielle Winde und gefahrenträchtige Wettererscheinungen 114
Wetterinformation 118

Seeverkehrsrecht 121

Verkehrsvorschriften 121
Fahrzeugführer und Definitionen 121
Fahr- und Ausweichregeln 122

Lichterführung **126**

Signalkörperführung **128**

Schallsignale **128**

ANHANG **130**

Checkliste für Törnvorbereitung **130**

Übersichten für Skipper und Crew 132

Tabelle der in Minuten zurückgelegten Seemeilen 133

Abstand eines Feuers in der Kimm (Sichtweite) in Seemeilen 134

Segel-Entfernungen in Seemeilen von Cuxhaven aus 135

Umrechnungstabelle Seemeilen in Kilometer 135

Berechnungstabelle für die Tagesdurchschnittsgeschwindigkeit 136

Distanz-Zeit-Tabelle 137

Internationale Buchstabiertafel und Morsezeichen 138

Wetterregeln 139

Windstärke und Seegang 140

Abkürzungen nach DIN 13 312 (Auswahl) 141

Wichtige Verbots-, Gebots- und Einschränkungszeichen 142

Signalflaggen (Alphabetflaggen, Zahlenwimpel und Einbuchstaben-Signale) 143

Vorwort

Nach der allgemeinen Grundausbildung im Segeln, die Sie vielleicht mit dem Sportbootführerschein Binnen abgeschlossen haben, beginnt der Segelsport erst so richtig. Sie vertiefen Ihre Kenntnisse, probieren andere Bootstypen aus, und die Frage taucht auf: »Wie soll's nun weitergehen?« Die Überlegungen könnten lauten: »Bleibe ich Freizeitsegler und strebe ich vielleicht sogar ein eigenes kleines Boot an, werde ich ein Regattasegler oder steige ich in das Fahrtensegeln – auch Törnsegeln genannt – ein?« Letztere Möglichkeit ist sehr wahrscheinlich, denn ein großer Teil der Segler wendet sich dem Fahrtensegeln zu und wird von dieser Art des weißen Wassersports nicht mehr losgelassen. Viele haben sich schon geäußert: »Fahrtensegeln ist die schönste Urlaubsform, die es gibt!«
Übrigens verstehen wir jetzt unter Fahrtensegeln nicht gleich dessen mögliche Endstufe, die nur wenigen vorbehalten bleibt, nämlich eine Atlantiküberquerung oder gar Weltumsegelung. Nein, wir verstehen im Rahmen dieses Buches darunter das Segeln im Küstenbereich. Die dazu in Frage kommenden Führerscheine wären zunächst der *BR-Schein* bzw. *Sportküstenschifferschein* (Küstenfahrt: Küstengewässer bis zur 12-sm-Grenze) und der *Amtliche Sportbootführerschein See*. Mit der Entscheidung für das Fahrtensegeln beginnt aber das Lernen wieder aufs Neue, denn Ihre Grundkenntnisse reichen nun nicht mehr aus. Sie müssen deshalb zwar keineswegs ein Studium absolvieren, aber ein neues Wissen brauchen Sie, wenn Sie nicht nur ein laienhafter Mitsegler bleiben wollen.
Um welches Wissen handelt es sich?
Sie müssen den Umgang mit einer Fahrtenyacht einschließlich deren Einrichtungen und Ausrüstung lernen (oder zumindest vertiefen) und auch bei schwerem Wetter manövrieren können.
Sie müssen sich sehr genau mit der Navigation und den Gezeiten beschäftigen, Ihre Wetterkenntnisse ausbauen, sich Sicherheits- und Törnplanungsfragen widmen und die entsprechenden Verkehrsvorschriften beachten.
Dieses Büchlein würde Ihnen sehr gerne all das neue Segelwissen vermitteln – aber Sie sehen vielleicht ein, dass dies wegen der Fülle des Stoffes gar nicht möglich ist. So sollten Sie dieses Buch als eine Einführung in das Fahrtensegeln verstehen – mit einer kompakten und wenig ausführlichen Darstellung der wichtigsten Themen.
Beachten Sie bitte, dass Sie nach dieser Lektüre noch nicht als Schiffsführer, der in Eigenverantwortung auf Törn geht, qualifiziert sein können. Wir empfehlen deshalb dringend nach dieser Einführung eine vertiefende Lektüre, dazu das Absolvieren eines Führerschein-Kurses.

Roland Denk

Die Fahrtenyacht

Hauptanforderungen, Baumaterial

Zum Fahrtensegeln brauchen wir jetzt ein Schiff, das sich deutlich von einer kenterbaren Jolle oder einem offenen Kielboot unterscheidet.
Kurz gesagt ein Boot, das folgende zwei Hauptanforderungen erfüllt:

➤ Es muss hochseetauglich sein und die grundlegenden Sicherheitsanforderungen erfüllen.

➤ Es muss bewohnbar sein und die von Ihnen gewünschte Anforderung an die Bequemlichkeit erfüllen.

Die vorwiegend gebräuchliche Fahrtenyacht ist ein *Kielboot* mit *Kajüte* (Wohn-, Koch-, Schlafraum), das wegen des tief sitzenden Gewichtsschwerpunktes *(Gewichtsstabilität)* normalerweise nicht kentert. Heutzutage haben sich aber auch vereinzelt Zwei- und Dreirumpfboote *(Katamarane* und *Trimarane)* durchgesetzt. Das Argument der Schnelligkeit können wir beim Fahrtensegeln getrost etwas zurücksetzen. Was bei einer Hochseeregatta entscheidend wäre, spielt nun im Allgemeinen eine geringere Rolle. Ob nach einem Tagestörn der gewünschte Zielhafen eine halbe Stunde früher oder später erreicht wird, wäre das für Sie so wichtig?
Wegen des Baumaterials brauchen wir gar nicht mehr lange herumzureden! Die meisten heutigen Fahrtenyachten sind in Kunststoff (genauer *GFK = glasfaserverstärkter Kunststoff)* gefertigt, der schwer wiegende Vorteile gegenüber der früher vorherrschenden Holzbauweise aufzuweisen hat. Sie brauchen sich also keine allzu intensiven Gedanken zu machen: Die Yacht, mit welcher Sie segeln, wird wohl aus GFK gebaut sein.
Andere Baustoffe sind Stahl und Aluminium. Wegen seiner großen Festigkeit und Widerstandsfestigkeit besticht Stahl als Yachtbaumaterial, weshalb sich z. B. Bobby Schenk, ein bekannter Weltumsegler und Segelbuchautor, für seine zweite Weltumsegelung eine Stahlyacht hatte bauen lassen. Nachteil: Eventuelle Korrosionsprobleme.
Aluminium spielt zwar im Hochseeregattasport eine Rolle, aber dieser vorteilhafte Baustoff ist sehr teuer und stellt deshalb für die Kunststoffbauweise keine allzu große Konkurrenz dar.

Yachtlänge

Bei der Länge des Bootskörpers unterscheiden wir zwischen der *Länge über alles* (Lüa) und der *Länge der Wasserlinie* (LWL). Der Unterschied zwischen beiden Längen hängt vom vorderen und achteren *Überhang* ab. Die heutigen modernen Hochseeyachten sind nicht mehr wie früher mit deutlich ausschweifenden

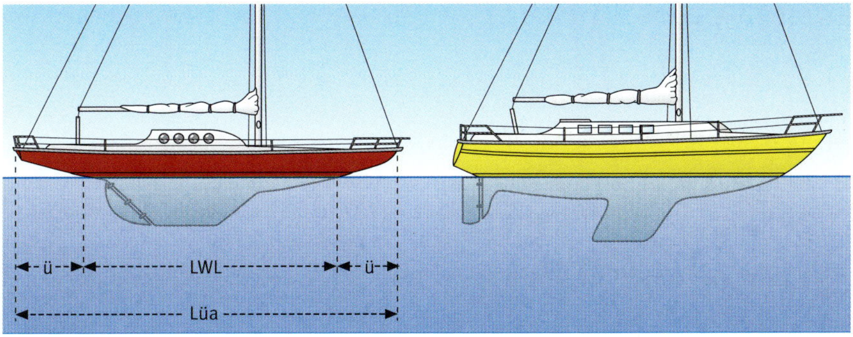

Links: Größere Überhänge.

Rechts: Weniger ausladendes, modernes Erscheinungsbild.

Überhängen ausgestattet, sodass die LWL weniger als früher von der Lüa abweicht.
Die Gesamtlänge einer kleinen Fahrtenyacht bewegt sich etwa zwischen 6,50 und 8 Metern (= rund 21–28 Fuß), die einer mittleren und anspruchsvolleren Yacht etwa zwischen 8,5 und 12 Metern (= rund 29–40 Fuß). Prinzipiell ist eine gute kleine Fahrtenyacht genauso hochseetüchtig wie eine größere. Ich selbst habe schon mal mit einer 6,50-m-Yacht einen wunderschönen Törn entlang der kroatischen Küste unternommen, allerdings waren wir nur zu zweit.
Die Frage der Bootslänge hängt ab von:

- Ihrem Geldbeutel.
- Dem Revier und Törnumfang.
- Der Zahl der Crew-Mitglieder.
- Ihren Ansprüchen an Bequemlichkeit, Sicherheit und Segeleigenschaften.

Vielleicht fällt Ihnen die Wahl der Bootslänge, die Sie anpeilen können, mithilfe der unten stehenden Übersicht leichter. Es spricht doch einiges für das nicht zu kurze Boot! Auch wenn – wie schon erwähnt – bereits eine sehr kleine Fahrtenyacht den Ansprüchen an Hochseetüchigkeit genügt, so ist doch die Tatsache interessant, dass bei der schlimmen Fastnet-Katastrophe im Jahre

Länge	Vorteile	Nachteile
Kürzere Yacht	Billiger, leichter transportabel, leichter zu handhaben, geringerer Arbeitsaufwand.	Weniger Platz und Bequemlichkeit, bei starken Wellen unruhiger, langsamer, weniger Sicherheit im Extremfall.
Längere Yacht	Geräumiger, dadurch komfortabler und für größere Crew geeignet, schneller und stabiler bei Wellen, sicherer im Extremfall.	Teurer, anspruchsvoller in der Handhabung, aufwändiger bei Pflege.

Links: Traditionelle, stark ausladende Überhänge.
Rechts: Moderner sind gemäßigte Überhänge.

Eine ziemlich große (über 12 m), auch für Hochseerennen geeignete Yacht mit einem Star-Cut-Spinnaker.

So sieht eine kleine Fahrtenyacht unter 8 m Länge aus. Das am Heck angebrachte Ruder wird hier mit einer Pinne bedient.

Das sieht man heute öfters: Überhaupt keine Überhänge mehr, dadurch ist die Wasserlinie möglichst lang (»Länge läuft«).

1979 insbesondere die kleinen Yachten betroffen waren. In diesem extremen Sturm kamen viele Hochseerennsegler ums Leben und Yachten sanken bzw. gerieten in Seenot.

Unterwasserschiff, Ruder

Sie kennen von Ihrer Binnenschein-Prüfung her den *Lateralplan*, die von der Seite gesehene Fläche des Unterwasserschiffs, die dem Abtreiben entgegenwirkt. Dieser Lateralplan kann bei Fahrtenyachten sehr unterschiedlich aussehen, er kann lang gestreckt oder mehr oder weniger beschnitten bzw. kurz sein. Die »Segler-Umgangssprache« unterscheidet einfach zwischen *Langkieler* und *Kurzkieler*. Über die Vor- und

Nachteile beider Unterwasserschiffarten herrscht schon seit langem ein Meinungsstreit. Die einen sagen, der Langkieler sei vertrauenserweckender und besitze angeblich eine bessere Kursstabilität, er verhalte sich angenehmer beim Slippen oder Trockenfallen; die anderen verweisen beim Kurzkieler auf dessen Schnelligkeit und feinfühligere Ruderreaktion.
Es ist wohl eine Geschmacksfrage. Tatsächlich aber herrscht heute die Kurzkielform als modernes Konstruktionselement vor, und alle heutigen Hochseerennyachten zeigen sich kurzkielig – weil sie einfach schneller sind. Mir persönlich ist zwar beim Fahrtensegeln ein Langkieler besonders sympathisch, aber folgende Vorteile sprechen schon sehr für den Kurzkieler:

- Ein Kurzkieler ist zwangsläufig leichter als ein Langkieler.
- Im Hinblick auf das Verhältnis Verdrängung : Segelfläche benötigt ein Kurzkieler etwas weniger Segelfläche als ein vergleichbarer Langkieler.
- Die benetzte Oberfläche eines Kurzkielers – und damit der Reibungswiderstand – ist geringer als beim Langkieler. Besonders bei schwachem Wind bedeutet das etwas mehr Fahrt (und weniger Farbe beim Unterwasseranstrich).
- Die Steuereigenschaften eines Kurzkielers sind etwas besser als die eines vergleichbaren Langkielers, da der Schwerpunktabstand von Ruder- und Kielflossenfläche als Kriterium dazu beim Kurzkieler länger und somit für die Steuereigenschaft günstiger ist (siehe dazu auch oben stehende Abbildung).

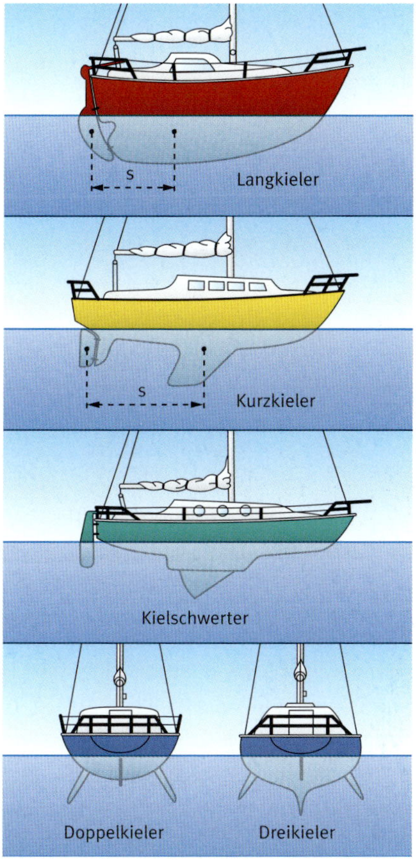

Unterschiedliche Ausführungen des Unterwasserschiffs bei Fahrtenyachten. Der Schwerpunktabstand (S) der Kielflossen- und Ruderfläche ist beim Langkieler kleiner als beim Kurzkieler. Dem Langkieler sagt man deshalb schlechtere Steuerungseigenschaften nach.

Eine spezielle Unterwasserschiffausführung hat die *Kielschwertyacht*, ein Boot mit weniger tief reichendem Ballastkiel und zusätzlichem Schwert. Besonders bei kleineren Yachten kommt diese Form vor. Vorteil: Geringerer

In Gezeitengewässern sind Kimmkieler beliebt. Bei ablaufendem Wasser bleiben sie aufrecht stehen und kippen nicht zur Seite.

Tiefgang bei aufgeholtem Schwert, damit mehr Flexibilität in küstennahen Gewässern mit vielen Untiefen. Eine Abwandlung der Kielyacht stellen die Kimmkieler dar. Diese Yachten besitzen zwei seitliche Kielflossen, entweder zusätzlich zum Mittelkiel *(= Dreikieler)* oder ohne Mittelkiel *(= Doppelkieler)*. Diese Bootstypen haben einen etwas kleineren Tiefgang. Außerdem kippen sie nicht um, wenn sie einmal trockenfallen sollten – ein Vorteil, der sie besonders für Gezeitengewässer beliebt macht. Eng verbunden mit der Erscheinungsform des Unterwasserschiffs ist die Anbringung des **Ruders**. Wir unterscheiden dabei zwischen *Festruder, Schweberuder* und *Halbschweberuder*.

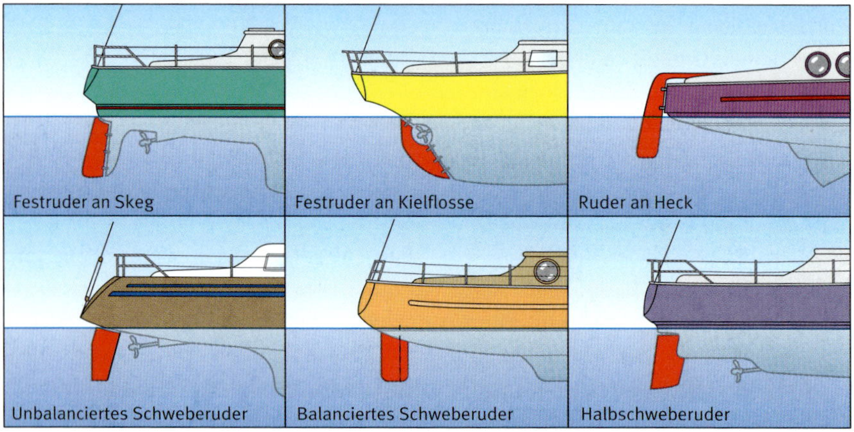

Die verschiedenen Ruderarten.

Ein Festruder ist an einer Leitfläche (Langkiel oder Ruderleitfläche, genannt *Skeg*) oben und unten solide gelagert und dabei gegen Fremdkörper von vorn und gegen Grundberührung geschützt. Gelegentlich sitzt so ein Festruder auch am Heck einer Yacht.

Ein Schweberuder ist frei stehend und ungeschützt nur oben gelagert. Wir treffen es heuzutage sehr häufig an, wohl wegen der preisgünstigeren Baumöglichkeit. Großenteils sind diese Schweberuder so ausgeführt, dass ein Teil der Ruderfläche in der gesamten Schaftlänge vor der Drehachse liegt. Vorteil: Beim Ruderlegen ist weniger Kraftaufwand anzuwenden. Spezieller Ausdruck dafür: *Balanceruder*. Rein gefühlsmäßig schenke ich den Schwebe- und Balancerudern weniger Vertrauen als den Festrudern. Diese Meinung wird auch untermauert durch die tragischen Vorkommnisse beim schon erwähnten Fastnet-Unglück, bei welchem gerade diese Ruderarten in vielen Fällen den hohen Belastungen nicht standhielten.

Auch wenn die Pinnensteuerung (unten sogar mit Pinnenausleger) besonders bei kleinen Yachten noch eine Rolle spielt, so hat sich doch zunehmend die Radsteuerung durchgesetzt (oben).

Ein Kompromiss zwischen Fest- und Schweberuder ist ein *Halbschweberuder*, das oben und etwa in der Mitte seine Lagerung findet und nur mit seiner unteren Hälfte frei steht. Bedient werden die Ruder entweder – wie Sie es von kleinen Booten her gewohnt sind – mittels einer *Pinne* oder jetzt auch in zunehmendem Maße mittels *Steuerrad*.

Rigg, Takelung, Segel

Die überwiegende Zahl der Fahrtenyachten ist *slupgetakelt*, d. h. bei einem Mast werden ein Großsegel und ein Vorsegel gefahren. Reichen Vorstag und Vorsegel bis zur Mastspitze, so trägt diese Art den Namen *Topprigg*. Greift dagegen das Vorstag mehr oder weniger tiefer unter der Mastspitze an, so lautet der Ausdruck dafür *7/8-Rigg*. Er hat sich eingebürgert, weil der Ausgangspunkt ein Verhältnis

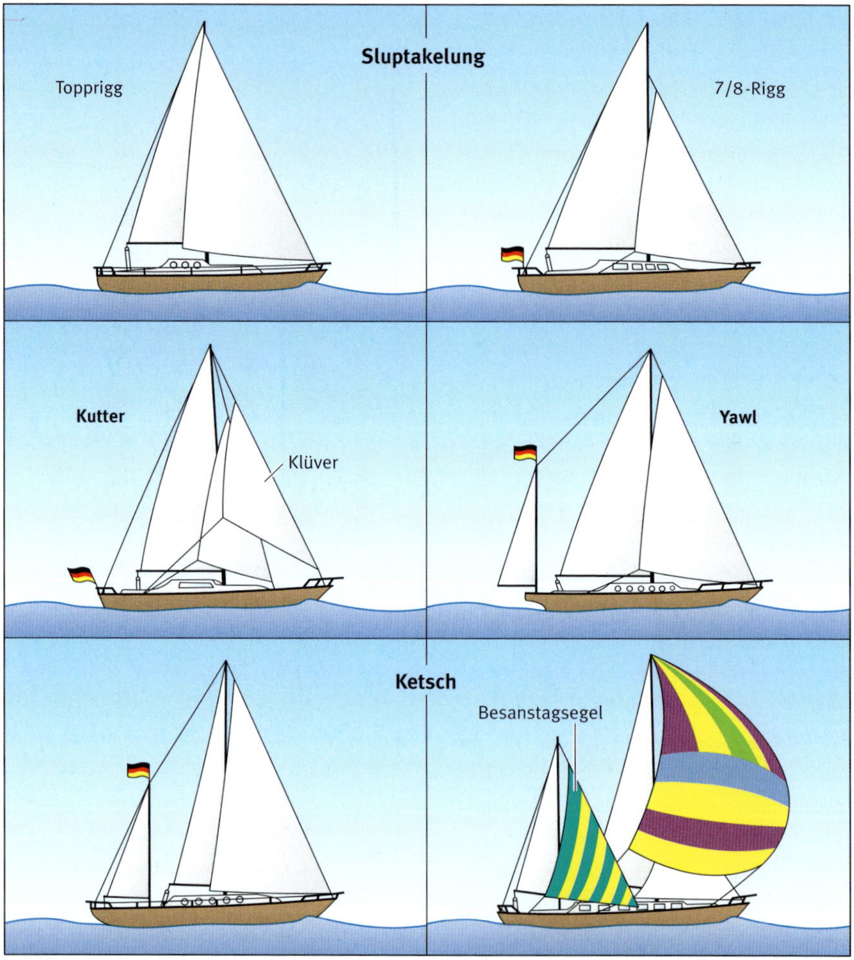

Verschiedene Takelungsarten, z. B. von Fahrtenyachten. Bei Ketsch und Yawl kann zwischen den beiden Masten ein wirkungsvolles Segel, das Besanstagsegel, gefahren werden. Eine große Yacht mit zwei gleich großen Masten oder mit einem vorne kleineren Masten heißt Schoner (nicht im Bild!).

von sieben zu acht zwischen Vorstaghöhe und Mastlänge war. Beide Riggarten sind gebräuchlich, und die Wahl ist Geschmacksfrage.

Bei Rennyachten bevorzugt man derzeit mehr das Topprigg, manchen Fahrtenseglern ist dagegen das 7/8-Rigg sympathischer, das folgende Unterschiede bzw. Vorteile gegenüber dem Topprigg aufweist.

➤ Das jeweilige Vorsegel ist kleiner und damit handlicher.

➤ Wegen des kleineren Vorsegels können die damit verquickten Winschen und Beschläge etwas kleiner dimensioniert und damit billiger sein.

➤ Das Großsegel ist größer, und somit kann man sich besser veränderlichen Windbedingungen anpassen.

➤ Man kommt mit etwas weniger Vorsegeln aus, d. h. man benötigt weniger Zwischengrößen als beim Topprigg.

➤ Der Spinnaker ist etwas kleiner und handlicher, wobei ein Allroundspinnaker ausreicht.

Sofern man sich nicht mit einer bequemen Allround-Rollfock begnügen möchte und höhere Segelanforderungen hat, könnte man zwecks Anpassung an die unterschiedlichen Windverhältnisse mehrere Vorsegel mitführen. Als Mindestforderung handelt es sich dann um *Fock* (= Standardvorsegel), *Sturmfock* (= sehr kleine Fock für den Sturmfall) und *Genua* (= große Fock mit sehr langem, den Mast überlappendem Unterliek). Sehr gut ausgerüstete Fahrtenyachten besitzen fünf Vorsegel zur Wahl (Fock 1 und 2, Genua 1 und 2, Sturmfock), Rennyachten sogar noch mehr. Es gibt auch eine Takelungsart, die gleichzeitig zwei Vorsegel (Fock oder Genua, dazu Klüver) vorsieht *(Kutter)*. Bei größeren Yachten verwendet man gelegentlich einen zweiten, kleineren Mast (*Besanmast)*, der achtern steht. Man spricht hierbei von *Anderthalbmaster* und unterscheidet zwischen *Ketsch* und *Yawl*. Bei der Ketsch steht dieser achtere Mast noch innerhalb der Wasserlinie, bei der Yawl außerhalb. Diese zweimastigen (genauer: anderthalbmastigen) Takelungen sind segeltechnisch den Einmastern keinesfalls überlegen (eher umgekehrt!), sie weisen nur einige praktische Vorteile auf:

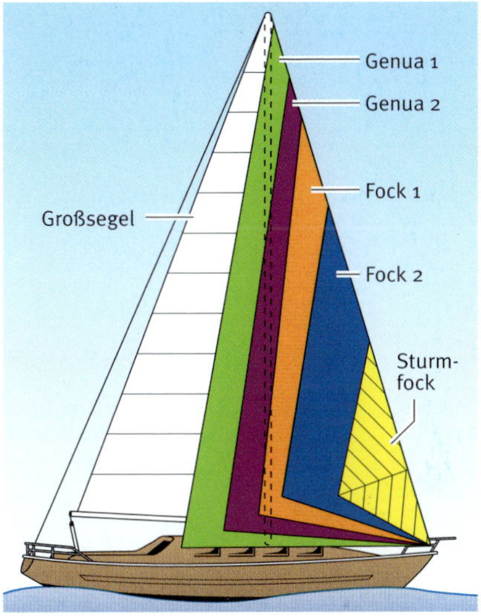

Die verschiedenen möglichen Vorsegel einer slupgetakelten Fahrtenyacht.

➤ Segelfläche wird unterteilt, dadurch vereinfacht sich das Bedienen der Segel.

➤ Der Segelschwerpunkt liegt tiefer, dadurch wird die Stabilität begünstigt.

➤ Bei zunehmender Windstärke ist die Segelfläche auf einfache Weise zu reduzieren, durch Bergen einzelner Segel nacheinander.

Das Segel an dem achtern stehenden Besanmast heißt *Besan*. Zwischen den beiden Masten kann als Platzausfüller noch ein weiteres Segel sehr wirkungsvoll gefahren werden: das *Besanstagsegel*.

Zwei slupgetakelte Yachten. Rechts sieht man deutlich ein Topprigg mit einer weit den Mast überlappenden Genua. Die linke Yacht fährt unter Spinnaker und hat das Vorsegel geborgen.

Eine Ketsch mit dem achteren kleineren Besanmast. Der vordere Mast trägt ein 7/8-Rigg.

Links normaler, rechts sehr flacher Kajütaufbau. Gut erkennbar sind jeweils die Seereling und vorne das Vorluk. Wehe, dieses ist bei Fahrt nicht geschlossen und stärkerer Wind kommt auf! Der Bugkorb ist bei Fahrtensegelneulingen oft ein beliebter Sitzplatz – bis sich die Seekrankheit bemerkbar macht.

Kajüte

Typisch für eine Fahrtenyacht ist die *Kajüte,* der Koch-, Wohn- und Schlafraum der Mannschaft, der das Leben an Bord erst ermöglicht. Wegen dieser Kajüte wird eine Fahrtenyacht auch *Kreuzer* genannt. Wir unterscheiden verschiedene Ausführungsarten der Kajüte:

➤ Normalfall: Ein Kajütaufbau in Stehhöhe, eingerahmt vom begehbaren Deck.

➤ Speziell bei Hochseerennyachten häufig: Fehlender Kajütaufbau, wobei das Deck überall auf gleicher Ebene liegt. Man nennt dies *Glatt-* oder *Flushdecker.*

➤ Gelegentlich, besonders bei kleineren Yachten: Das Kajütdach erstreckt sich über den ganzen Vorschiffbereich, d. h., das Deck läuft in Kajütdachhöhe vom Bug bis zum Cockpit. Man nennt dies *Backdecker.*

➤ Gelegentlich bei größeren Yachten: Neben der »normalen« Kajüte vor dem Cockpit gibt es eine zweite Kajüte achtern.

Einen solchen dominierenden Kajütaufbau besitzen normale Fahrtenyachten nicht. Hier handelt es sich um einen Motorsegler, ein Mittelding zwischen Motor- und Segelyacht.

Das zweite Boot von links (orange Außenhaut, weißes Deck) ist ein Backdecker. Das Deck erstreckt sich vom Cockpit bis zum Bug in ganzer Bootsbreite und ist dort gleichzeitig das Kajütdach.

Das ist ein Glatt- oder Flushdecker, eine typische große Hochseerennyacht in einer Anlege- und Festmachersituation. Bei einer solchen Rennyacht sind auch zwei Steuerräder verbreitet. Nicht empfehlenswert – auch wenn die Sonne scheint: So wie hier barfuß an Bord »herumzuturnen«.

Deck, Cockpit

Das *Deck* darf, ebenso wie das Kajütdach, aus Sicherheitsgründen nicht zu glatt und damit rutschig sein. Zum Festhalten auf dem Weg nach vorne oder achtern dienen fest verankerte *Handläufe*. Zur zwingenden Deckausrüstung aller Fahrtenyachten gehört zum Schutz gegen das Überbordfallen ein an der Deckskante errichtetes Schutzgeländer, genannt *Reling* bzw. *Seereling*. Sie besteht aus *Bug-* und *Heckkorb*, den *Relingsstützen* und dem *Relingsdurchzug* aus Draht. Bug- und Heckkorb sowie die Relingsstützen müssen so solide montiert sein, dass sie nicht aus der Verankerung gerissen werden können, wenn einmal eine Person dagegen geschleudert wird. Der Relingsdurchzug muss möglichst doppelt geführt werden, der obere wird auch *Handlauf* genannt. In der Regel ist im vorderen Teil des Kajütdaches oder beim Vordeck das *Vorluk* angebracht, das einerseits wasserdicht verschließbar, andererseits gut zurückklappbar sein muss. Das Vorluk dient mehreren Zwecken:

- Für den Notfall als Fluchtweg.
- Zum Verstauen von Segelsäcken unter Deck.
- Als Belüftungsmöglichkeit.

Das *Cockpit* der Fahrtenyacht muss wasserdicht und so konstruiert sein, dass überkommendes Wasser von alleine

Bei solchen Segelbedingungen und der Schräglage kann man sich gut vorstellen, wie wichtig eine Seereling ist. Auch ein Sicherheitsgurt mit eingehakter Sorgleine ist hier obligatorisch!

Vom Cockpit aus gelangt man durch das Luk in die Kajüte. Bei Starkwind muss das Luk verschlossen werden, damit kein Wasser ins Innere schwappt.

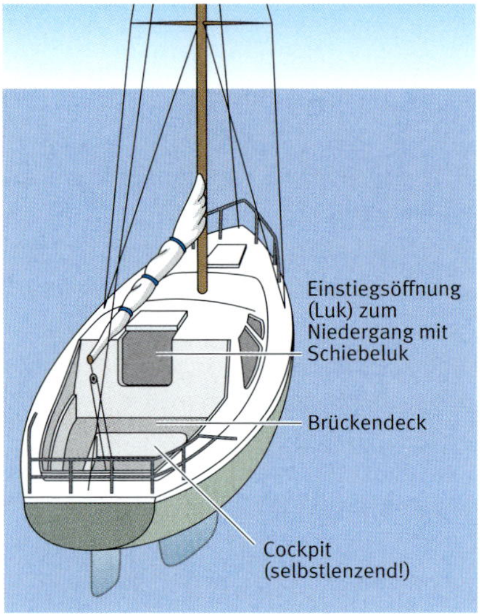

wieder nach außen läuft. Man nennt dies *selbstlenzendes Cockpit* (oder *Plicht*). Eine solche Konstruktion ist nur möglich, wenn der Cockpitboden höher als die Wasserlinie liegt. Und als wirkungsvoll erweist sie sich nur, wenn die dazugehörigen Lenzrohre (möglichst nicht nur ein Rohr!) keinen zu kleinen Querschnitt aufweisen.

Die Einstiegsöffnung vom Cockpit in die Kajüte ist das *Luk*, und die Treppe nach unten heißt *Niedergang*. Die Einstiegsöffnung zum Kajütniedergang darf keinesfalls ganz unten auf Höhe des Cockpitbodens beginnen. Sie muss vielmehr unten fest abgeschottet sein, damit überkommendes Wasser nicht sofort in die Kajüte läuft. Sehr häufig ist diese Abschottung als feste Sitzbank ausgebildet, der Name dafür: *Brückendeck*.

Das »Süll« ist eine senkrechte Leiste, dient als Türschwelle, als Einfassung von Luken oder als Cockpitumrandung zwecks Wasserableitung. Bei einem Tisch stoppt es z. B. Geschirr.

Inneneinrichtung

Die Innenraumeinteilung hängt maßgeblich von der Bootslänge ab. Eine klassische Einteilung, die natürlich je nach Raumgröße variiert werden kann, sieht zunächst eine Trennung zwischen Vorschiffbereich und Wohnbereich (»Salon«) vor. In das Vorschiff hat der Konstrukteur in der Regel zwei **Kojen** eingeplant, die unterwegs bei Wellengang aber ziemlich ungemütlich sind, weil es vorne besonders stark schaukelt. Außerdem nehmen hier oft auch noch diverse Segelsäcke Platz weg. In der Mitte des Schiffes befinden sich nochmal zwei bis drei Kojen, die tagsüber als Sitzbänke dienen. Im Achterschiffbereich liegen zwischen den Wänden der Bordwand und des Cockpits, jeweils neben dem Niedergang auf einer Seite oder auch auf allen beiden Seiten, fest eingebaute Kojen, die *Hundekojen*. Die Kojen in der Schiffsmitte müssen so ausgestattet sein, dass ein Schutz gegen Herausfallen besteht. Dieser Schutz wird entweder durch ein herausklappbares *Kojenbrett* oder durch ein *Kojensegel* geboten.

Beim **Tisch** gibt es verschiedene Möglichkeiten. Normalerweise ist er mit einem kleinen *Süll* ausgestattet, damit die Teller nicht herunterpurzeln können, außerdem besitzt er eine Einklappvorrichtung. Ob der Tisch in der Mitte steht oder in *Dinetteanordnung* (= querschiffs zwischen zwei Bänken), ist eine Frage

des persönlichen Geschmacks und der Yachtgröße.
Ideal wäre es, wenn die Fahrtenyacht gleich beim Niedergang eine kleine **Navigationsecke** besitzen würde, mit einem ausreichend großen Kartentisch, einem Bücherbord für die nautische Literatur und einer Ablagefläche für die Navigationsmaterialien. Hier befinden sich auch die wertvollen Geräte, wie z. B. Echolot, Radioempfänger oder bei großer Fahrt die Funkausrüstung.
Die **Küche** an Bord heißt *Pantry*. Dazu gehören, je nach Größe der Yacht und je nach den Ansprüchen mehr oder weniger großzügig dimensioniert: Kocher bzw. Herd, Spülbecken, Abstellplatte und Geschirrschrank.

Beispiel für eine nicht zu üppig ausgestattete Navigationsecke.

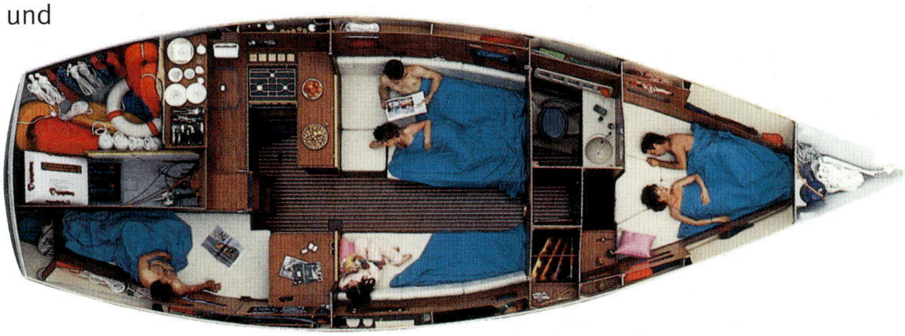

Beispiel für die Inneneinrichtung einer Fahrtenyacht. Es handelt sich hier um eine Comet 1050, eine 10,50 Meter lange Yacht.

Als Kocher sind Flüssiggas-, Spiritus- und Petroleumkocher möglich. Gewarnt sei vor den Flüssiggaskochern (Propan), die gefährlich sein können und schon viele Unglücksfälle herausgefordert haben. Das Gas ist schwerer als Luft, es sinkt z. B. bei einem Leck in der Zuleitung ab, sammelt sich in der *Bilge* und könnte entzündet werden. Sollten Sie es mit einer Flüssiggasanlage zu tun haben, so wäre die Lektüre folgenden Merkblattes dringend zu empfehlen:

Merkblatt über Flüssiggasanlagen auf Sportbooten,

hrsg. von der *Kreuzer-Abteilung* des

Deutschen Segler-Verbandes (Gründgensstraße 18, 22309 Hamburg).

Damit die Pantry auch funktionsfähig ist und die Spüle benutzt werden kann, muss ein Wassertank fest eingebaut sein.

Wenn der **Toilettenraum** nicht abgeschlossen ist, handelt es sich um eine Notlösung, die auf Dauer den Mindestansprüchen nicht genügt.

Bei der Toilette selbst gibt es die Ausführung als Chemietoilette oder als Pump-WC. Gegen Chemietoiletten bestehen bei entsprechender Pflege keinerlei hygienische Bedenken, sie sind auch im Hafen verwendbar. Ein Pump-WC, das man im Hafen selbstverständlich nicht benutzt (das übrigens auf Binnenrevieren auch verboten ist!), arbeitet mit zwei Pumpen: Eine sorgt für das Hinausschaffen des Inhalts, die andere für das Einspritzen des Seewassers zur Spülung. Achtung: Bei Nichtgebrauch müssen die Seeventile geschlossen sein, sonst kann das Boot voll laufen.

Neuerdings ist an verschiedenen Revieren, u.a. an der Ostsee, für das Pump-WC ein eigener eingebauter Fäkalientank vorgeschrieben – einfach außenbords pumpen ist out.

Motor, Beiboot

Ein **Motor** ist von einer Fahrtenyacht nicht wegzudenken. In Frage kommen drei Motorarten: Außenbordmotor, Benzin-Einbaumotor, Diesel-Einbaumotor.

Die schlechteste Lösung für eine Fahrtenyacht stellt der Außenbordmotor dar, der den großen Nachteil aufweist, dass bei starkem Seegang der Propeller laufend aus dem Wasser taucht und somit die Benutzung stört oder unmöglich macht.

Trotzdem lässt sich bei kleinen Yachten (bis ca. 7 Meter Lüa) ein Außenborder kaum umgehen, da für eine Einbaumaschine kein Platz vorhanden ist. Bei einer Einbaumaschine ist zu fragen: »Soll ich einen Benzin- oder einen Dieselmotor wählen?«

Vielleicht wird auch Ihnen der Dieselmotor sympathischer, wenn Sie seine Vor- und Nachteile miteinander vergleichen.

Der Hauptnachteil des Benzinmotors ist die mit seinem Zündsystem (Benzin-Luftgemisch, Zündkerze) verbundene Explosions- und Feuergefahr, derentwegen vor dem Start des Motors ein Lüftergebläse den Motorraum absaugen muss.

Vor- und Nachteile des Dieselmotors gegenüber dem Benzinmotor

Vorteile	Nachteile
Nicht die Explosionsgefahr wie beim Benzinmotor, weniger störanfällig, höhere Lebensdauer, wirtschaftlicher.	Etwas teurer, lauter und schwerer als der Benzinmotor, mehr Vibration.

Oben:
Der Hilfsantrieb bei einer kleinen Yacht ist der Außenbordmotor, der hinten beim Spiegel eingehängt wird. Manchmal ist auch ein spezieller Motorschacht für den Außenborder eingeplant.

Für eine Fahrtenyacht dieser Größe ist ein Außenborder nicht mehr angemessen.

Beim Achterschiff dieser großen Fahrtenyacht hängt ein solides Schlauchboot als Beiboot. Hier an der Mole wird es nicht benötigt, spätestens aber in der nächsten Ankerbucht.

Wie stark soll der Motor für die Fahrtenyacht sein? Nachdem beim anspruchsvollen Fahrtensegeln die Maschine nicht nur zum Überbrücken von Flauten dient, sondern ihr auch eine wichtige Sicherheitsfunktion bei starkem Wind, Seegang und Strom zukommt, z. B. um in einen Hafen zu laufen, sollte sie eine Mindeststärke aufweisen. Als Anhaltspunkt kann man bei schweren Yachten mit 3 bis 4 PS pro Tonne Verdrängung rechnen.

Man könnte zur Errechnung der zu erstrebenden Motorleistung diese auch in ein Verhältnis zur Amwind-Segelfläche bringen. Juan Baader hat hierzu in seinem schönen Buch *Segelsport, Segeltechnik, Segelyachten* ausgeführt, dass z. B.

- 1 PS je 5 m² Segelfläche erforderlich ist, um unter Motor 3/4 der normalen Segelgeschwindigkeit zu erreichen.
- 1 PS je 2,5 m² Segelfläche erforderlich ist, um unter Motor die gleiche mittlere Fahrt wie unter Segel zu erreichen.

Übrigens hat man für PS den Wert Kilowatt (kW) eingeführt, wobei Sie leicht umrechnen können:

1 PS = 0,736 kW oder
1 kW= 1,36 PS

Eine große Rolle bei der Wirkung des Motors spielt der *Propeller*, dessen Durchmesser, Steigung und Konstruktionsart verschieden sein kann. Bei Segelyachten sind zwei- und dreiflügelige Propeller, dazu Falt- und Verstellpropeller gebräuchlich. Wenn Sie keine speziellen Vorstellungen haben, sollten Sie sich an die Empfehlungen vom Hersteller des Motors bzw. Getriebes halten.

Ohne ein **Beiboot** werden Sie auf einem Segeltörn wenig Freude erleben, denn Sie werden sicherlich nicht immer nur an einer Hafenmole festmachen, sondern gewiss auch oft in einer geeigneten Bucht vor Anker landen – und wie wollen Sie dann ohne Beiboot an Land übersetzen? Je nach Ihren Ansprüchen und Vorstellungen und je nach Ihren Möglichkeiten, ein Beiboot an Bord zu verstauen, kommen drei Varianten in Frage: Schlauchboot, festes Dinghy, zusammenfaltbares Dinghy.

Weil ein festes Dinghy einerseits nur auf sehr großen Yachten sinnvoll verstaut werden kann, andererseits nicht dauernd nachgeschleppt werden darf (Gefahr bei Sturm), herrschen die Schlauchboote vor. Hier sind allerdings nicht die billigen Kaufhaus-Badeboote gemeint, sondern leistungsfähige und solide Schlauchboote. Eine gute Möglichkeit wäre ein Faltdinghy, das man längs der Reling verstauen kann. Ein solches Beiboot ist z. B. das »Banana-Boot«.

Wenn z. B. mal ein weiterer Anker auszubringen ist, leistet ein Beiboot – auch wenn es sich nur um ein einfaches kleines Schlauchboot handelt – gute Dienste.

Ausrüstung

Wenn Sie nun glauben, unsere Fahrtenyacht sei komplett und segelfertig für einen schönen Törn, so ist dies ein großer Irrtum. Jetzt kommt noch ein bedeutender Posten an Ausrüstungsgegenständen dazu, ein Posten, der auch eine Menge an materiellem Aufwand erfordert. Obwohl man alleine über die Ausrüstung ein ganzes Buch schreiben könnte, können wir aus Platzgründen nicht näher darauf eingehen und begnügen uns mit einer Übersicht zur *Sicherheitsausrüstung für seegehende Sportfahrzeuge*. Wir haben sie der empfehlenswerten Broschüre *Sicherheit im See- und Küstenbereich*, hrsg. vom Bundesamt für Seeschifffahrt und Hydrographie entnommen und etwas abgewandelt und ergänzt. Weil alle Ausrüstungsgegenstände, die zum Führen einer Yacht dienen, gleichzeitig eine Sicherheitsfunktion haben, ist im Zusammenhang mit der Ausrüstung von »Sicherheitsausrüstung« die Rede.

Ein grundlegender Ausrüstungsteil, der zwar nicht unmittelbar zum Thema Sicherheit gehört, ohne den aber das Fahrtensegeln überhaupt nicht möglich

Gesetzliche Ausrüstungspflicht	
Positionslaternen, Signalkörper, Schallsignalgeräte	
Empfohlene Mindestausrüstung für die Sicherheit	
Ohnmachtsichere Rettungsweste mit Signalpfeife für jede Person	Feuerlöscher
Kompass	Anker mit Kettenvorläufer und Leine
Lenzpumpe	Nebelhorn
Eimer	Sicherheitsgurte mit Sorgleine für jede Person
Ösfass	Rettungsring mit Wurfleine
Riemen oder Paddel	Notsignale und Sturmstreichhölzer
Bootshaken	Erste-Hilfe-Kasten
Taschenleuchte	
Empfohlene Mindestausrüstung für die Navigation	
Seekarten, Seehandbücher	Bleistift, Kursdreieck, Zirkel
Hafenhandbuch	Kompass
Leuchtfeuerverzeichnis	Echolot oder Handlot
Jachtfunkdienst	Log
Gezeitentafeln	Peileinrichtung
Fernglas	

Empfohlene Zusatzausrüstung	
Allgemein Rundfunkempfänger Seefunkanlage Empfangsanlage für Schiffsicherheits-informationen Text der Seeschifffahrtsstraßenordnung und Kollisionsverhütungsregeln Zweiter Anker mit Ankergeschirr Internationales Signalbuch Signalflaggen Bordapotheke Radarreflektor Reservekanister Ersatzteile Werkzeug **Navigation** Barometer/Barograph Sextant, nautisches Jahrbuch, nautische Tafeln und Chronometer bei entsprechendem Fahrtbereich	Gerät zur Ortsbestimmung (GPS) Wetterkartenschreiber Logbuch **Schwerwetter** Sturmfock Trysegel Reffeinrichtung Reserveruderpinne Treibanker Kappbeil Drahtschere Leckdichtungsmaterial **Seenot** Mensch-über-Bord-Markierungsboje mit Nachtrettungslicht Rettungsfloß Seenotfunkbake Radartransponder

wäre, fehlt in der Übersicht. Es handelt sich um das *Festmachertauwerk*. Hier benötigen wir eine *Vor-* und *Achterleine*, eine *Vor-* und *Achterspring*, dazu genügend Reservetauwerk, um bei Bedarf zum Festmachen weitere Leinen (z.B. Querleine) ausbringen zu können. Zu den Festmachern gehört auch noch eine ausreichende Zahl von *Fendern*.
Auf einige der Ausrüstungsgegenstände (z.B. Kompass und dazugehörige Navigationsausrüstung, Anker, Rettungsweste, Sicherheitsleine, Reffeinrichtung) kommen wir später noch zu sprechen.

Chartern oder kaufen?

Um das Fahrtensegeln betreiben zu können, gibt es mehrere Möglichkeiten:

- Kauf einer neuen Yacht.
- Kauf einer gebrauchten Yacht.
- Kauf einer Yacht zusammen mit anderen.
- Kauf eines Nutzungsrechts für eine bestimmte Zeit pro Jahr (»Yacht-Sharing«).
- Mietkauf bzw. Leasing.
- Chartern einer Yacht.
- Mit anderen mitsegeln.

Der erste Schritt wird natürlich immer das Mitsegeln sein, sei es mit Freunden, sei es über eine Segelschule oder einen Club. Ganz zwangsläufig muss erst eine Lehrzeit in Form des Mitsegelns absolviert werden, bis die Qualifikation erreicht ist, in Eigenverantwortung als Skipper auf Fahrt gehen zu können.
Nun stellt sich die Frage: Kaufen oder chartern? Sollte ein Kauf erwogen werden, so muss eine solche schwer wiegende Entscheidung genauestens überdacht werden, wobei folgende Gedanken zur Debatte stehen:

- Kann ich so viel Geld aufbringen?
- Gibt es überhaupt ein Schiff, das ich mir wünsche?
- Kann ich ein eigenes Schiff überhaupt ausnutzen?
- Kann ich genügend Zeit für das Schiff aufbringen?
- Kann ich die Liegeplatzfrage (auch für den Winter) lösen?
- Kann ich mir überhaupt die Liegeplatzkosten leisten?
- Soll das Schiff trailerbar sein?
- Wie viele Kojenplätze brauche ich?
- Lege ich mehr auf Sportlichkeit und Schnelligkeit Wert oder schätze ich mehr die Bequemlichkeit?
- Wie stark soll die Maschine sein?
- Welche Zusatzausrüstung ist erforderlich?
- Was kostet eine Versicherung?
- Kann ich mir auch Nachfolgelasten wie Reparaturkosten oder Materialersatz leisten?

Bei all diesen Fragen wird Ihnen vielleicht jetzt schon das Herz in die Hosentasche gefallen sein. Aber keine Angst, der Bootskauf ist beim Fahrtensegeln keineswegs der Normalfall. Der Normalfall ist das *Chartern*. Man hat hierbei nicht die Sorgen und Belastungen eines Bootseigners und kann sich jedes Jahr ein neues Segelrevier sowie sein Wunsch-Schiff aussuchen. Inzwischen gibt es so viele Vercharterer (Privatleute, Charterfirmen, Ausbildungsstätten), dass man problemlos – wenn man nicht zu spät bucht – ein Schiff nach seinen Wunschvorstellungen finden kann.
Wie finden Sie den richtigen Vercharterer? In Segelzeitschriften sind sehr viele Charteranzeigen abgedruckt, mit deren Hilfe Sie Angebote einholen können.
Im Internet gibt es Möglichkeiten, außerdem empfiehlt sich der Besuch einer *Bootsausstellung*, auf welcher Sie immer professionelle Vercharterfirmen antreffen, dazu eine Menge von Ausstellungs-Yachten zur Begutachtung. Auch als Bootskäufer ist für Sie eine Bootsausstellung eine Pflichtübung. Die drei größten Ausstellungen in Deutschland sind (in der Reihenfolge ihrer Größe):

1 Internationale Bootsausstellung »boot« in Düsseldorf (jeweils Ende Januar).

2 »Deutsche Bootsausstellung International Hamburg« (jeweils Ende Oktober).

3 Internationale Wassersportausstellung »Interboot« in Friedrichshafen/Bodensee (jeweils Mitte bis Ende September).

Auf Fahrt

Was muss ich können?

Ein guter Fahrtensegler muss ganz allgemein zunächst seine Seemannschaft beherrschen (von der Navigation reden wir später!). Dazu gehören alle Grundsegelmanöver wie Wenden, Halsen, Beidrehen, Anlegen usw., die wichtigsten Knoten und weitere seemännische Arbeiten – Dinge, auf die hier nicht mehr eingegangen werden kann. Es treten aber jetzt einige Gegebenheiten in den Vordergrund:

- Ruderführung einer großen Yacht unter Segel und Motor nach dem Ablegen.
- Die Hafenmanöver.
- Das Ankern.
- Das Verhalten bei schwerem Wetter und Problemfällen.

Der Schiffsführer (Skipper) braucht neben seiner seemännischen Erfahrung einen passenden **Segel-Führerschein**. Leider reicht nicht ein einziger Schein, er braucht mindestens zwei. Der Gesetzgeber schreibt auf den deutschen Seeschifffahrtsstraßen für Fahrzeuge mit einer Maschinenleistung von mehr als 3,68 kW (5 PS) den *Sportbootführer-*

Solch friedliche Schwachwindverhältnisse sind beim Fahrtensegeln nicht immer gegeben. Frischt der Wind auf oder entwickeln sich Problemverhältnisse, ist ein fundiertes Können des Skippers gefordert.

schein See vor. Nachdem bei diesem Schein keine Segel-Praxis-Prüfung gegeben ist, sondern nur ein Motorbootfahren, verlangt ein Vercharterer als ergänzenden Segelschein entweder den *BR-Schein* des Deutschen Segler-Verbandes oder den seit 1. Oktober 1999 eingeführten freiwilligen amtlichen *Sportküstenschifferschein* (für Küstengewässer bis zu 12 sm Abstand von der Basislinie).
Als ergänzende, höherwertige und freiwillige amtliche Scheine kämen bei weiterreichendem seglerischem Ehrgeiz noch der *Sportseeschifferschein* (küstennahe Seegewässer bis zu 30 sm Abstand von der Basislinie) und der *Sporthochseeschifferschein* (weltweite Fahrt) in Frage.
Im Zusammenhang mit Ihrem Segelkönnen sei eine ausdrückliche Warnung ausgesprochen: Wenn Sie den Küstenschein erfolgreich abgelegt und dazu nur Ihre 300 »Pflicht-Seemeilen« auf dem Buckel haben, dann sind Sie noch keineswegs qualifiziert, um als Skipper einen Törn leiten zu können. Sammeln Sie also zuerst noch weitere Erfahrungen!

Ist das Boot klar zum Auslaufen?

Bevor das erste Ablegemanöver des geplanten Törns erfolgt, ist es ratsam, nochmal alles an Bord genau durchzuchecken (siehe Kasten).

1 Ist das Rigg in Ordnung?
2 Seereling schadhaft?
3 Anker und Ankergeschirr richtig verstaut?
4 Brennen die Positionslampen?
5 Sind alle Vorsegel in Ordnung und die Säcke gekennzeichnet?
6 Sind die Wantenspanner gesichert?
7 Alle Lenzpumpen einsatzfähig?
8 Laufen die Winschen einwandfrei?
9 Motor gewartet und startklar?
10 Sind Kraftstoff- und Wassertank aufgefüllt?
11 Sind alle Festmacher und Ersatzleinen an Bord?
12 Rettungsmittel einsatzfähig?
13 Steuerkompass in Ordnung und evtl. kompensiert?
14 Notsignale gut erreichbar verstaut?
15 Großsegel ohne Schäden?
16 Sicherheitsausrüstung vollzählig und einsatzbereit?
17 Navigationsausrüstung vollzählig und einsatzbereit?
18 Proviant komplett, Schlafsäcke bzw. Zudecken nicht vergessen?

Prinzipiell sollte man auch einen Blick rund um den Schiffsrumpf werfen, ob irgendwelche Beschädigungen zu erkennen sind. Obligatorisch muss auch die Kontrolle der *Bilge* (tiefste Stelle im Rumpf unter den Bodenbrettern) sein, ob diese trocken ist. Wasser in der Bilge muss Verdacht erregen: z. B. könnten Seeventile schadhaft sein.

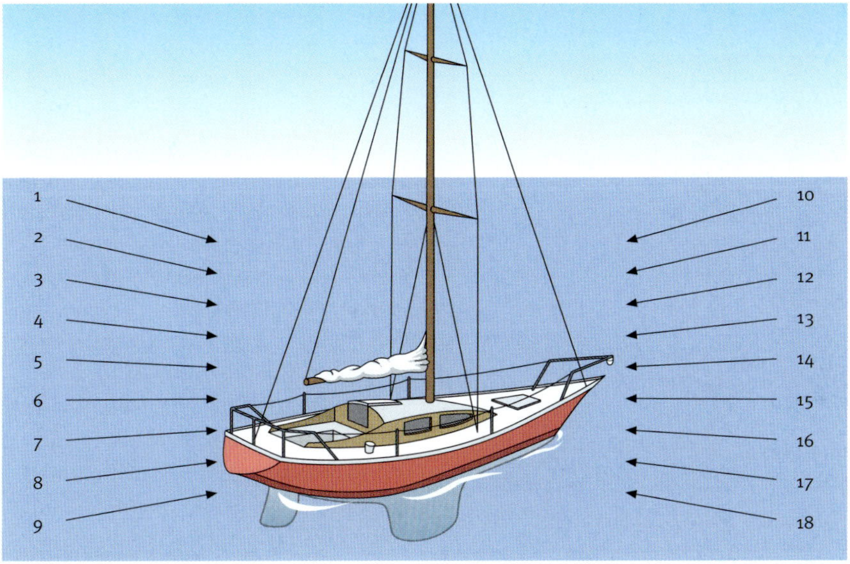

Vor Beginn eines Törns werden noch einmal alle wichtigen Teile der Yacht überprüft. (Siehe vorhergehende Seite.)

Ruderführung, Rollenverteilung

Ein Segeltörn kann auf sehr verschiedene Weise ablaufen. Je nach Geschmack, Ansprüche, Größe und Können der Crew wird vielleicht eine große Strecke angepeilt, dabei muss auch nachts gesegelt werden, und am Schluss kommt eine Menge von Seemeilen heraus. Andere lieben mehr die gemütliche Tour, bevorzugen ein häufiges Anlaufen von Häfen und Ankerbuchten, legen auf eine imponierende Seemeilenzahl keinen Wert und verbringen die Nacht lieber im geschützten Hafen. Beide Möglichkeiten gehören zum Fahrtensegeln und haben ihre Reize. Ganz egal, für welche Form man sich entscheidet, der Chef an Bord ist immer der *Skipper* (Schiffsführer). Er kann am meisten und ist die befähigste Person, die richtige Entscheidung zu treffen und die Verantwortung zu tragen. Die Handhabung der Yacht selbst wird in Gemeinschaftsarbeit durchgeführt, wobei die Zusammenarbeit zwischen *Skipper* und *Crew* (Mannschaft) nur sinnvoll möglich ist, wenn die Crew den Skipper einerseits akzeptieren kann, andererseits auf seine Anweisungen achtet und diese auch versteht. Zum Verstehen der Anweisungen ist eine deutliche Kommandosprache unerlässlich.

Als zweckmäßig stellt sich beim Fahrtensegeln immer eine klare Rollenverteilung heraus, z. B. bei einer 6-Personen-Crew:

Aufgabenverteilung bei 6-Personen-Crew

- *Skipper:* Gesamtverantwortung, Navigation, Seekarten, Hafenmeister, Zoll.
- *2. Person:* Erfahrene(r) Mitsegler(in) als Stellvertreter(in) des Skippers, zugleich zuständig für alle Sicherheitsdinge, stehendes und laufendes Gut, Logbuch, Kontrolle beim Festmachen, Wetterberichte.
- *3. Person:* Buganker mit Ankergeschirr, Laternen, Maschine, Vorleine, Vorspring.
- *4. Person:* Zuständig für Küche, Getränke, Lebensmittel, Bordkasse, Kocher.
- *5. Person:* Achterleine, Achterspring, Heckanker, Lenzpumpen und Lenzen, Bordapotheke.
- *6. Person:* Fender, Bootshaken, Wurfleine und Ersatzleinen, Wasser, Treibstoff, Betriebsstoff für Kocher.

Beim Zurücklegen großer Entfernungen mit Nachtsegeln ist das planmäßige Ablösen am Ruder unverzichtbar. Eine geregelte Tages- und Nachteinteilung nach einem ausgearbeiteten *Wachplan,* z.B. im 4-Stunden-Rhythmus, trägt wesentlich zum Gelingen des Törns bei. Die Person, die gerade das Ruder bedient und nicht identisch mit dem Skipper sein muss, heißt *Rudergänger.* Er sollte zum richtigen Steuern mit den Fahreigenschaften der Yacht vertraut sein. Er muss wissen, wie sie auf die jeweilige Ruderlage reagiert, er muss den Drehkreis, den Auslauf, die Abdrift, das Beidrehverhalten kennen, und er muss erfühlt haben, wie hoch er an den Wind gehen kann. Gesteuert wird jeweils nach Kompass oder nach Schifffahrtzeichen bzw. anderen Objekten.

Beim Steuern nach Kompass achte man darauf, dass die Gradzahl des gewünschten Kurses auf der Kompassrose am Steuerstrich anliegt. Man braucht dazu etwas Übung, da die Yacht durch Wind und Welle immer wieder nach einer Seite ausweicht und man sie dann jeweils durch eine möglichst gefühlvolle und dosierte Gegenruderlage in entgegengesetzter Richtung zur Drehbewegung wieder auf Kurs bringen muss. Die Gegenruderlage ist aufzugeben, kurz bevor der Kurs wieder am Steuerstrich anliegen wird.

Diese Sitzposition ist beim Fahrtensegeln im Gegensatz zum Hochseerennsegeln nicht üblich.

Schönwetterbedingungen! Links: Die Crew ist im Cockpit versammelt.

Rechts: Entsprechend luftig ist auch die Bekleidung dieser Segler.

Während des Absegelns der vorgenommenen Strecke muss der Skipper insbesondere vier Dinge genau beachten:

1. Er muss sich laufend über die Wetterentwicklung durch eigene Beobachtungen und Abhören von Wetterberichten informieren.
2. Er muss auf Grund eingehenden Studiums der Seekarte und des Hafenhandbuches immer genau im Bilde sein, welcher Hafen oder welche geschützte Ankerbucht bei bedenklicher Wetterverschlechterung zum Anlaufen in Frage kommt.
3. Er muss rechtzeitig die Entscheidung treffen, wann und wie viel zu reffen und welches Vorsegel in Verbindung damit zu setzen ist.
4. Er muss rechtzeitig die Anweisung zum Anlegen von Rettungswesten und insbesondere der Sicherheitsgurte geben.

Dieselben Segler wie oben, aber jetzt herrschen Starkwindverhältnisse und die Bekleidung muss ganz anders aussehen. Dazu tragen beide Sicherheitsgurte, hier mit integrierter Rettungsweste.

Hier ist der Sicherheitsgurt zwar angelegt, aber die Sorgleine ist nirgends eingehakt.

Hafen und Ankerbucht

Was ist eigentlich genau der Unterschied zwischen Mole, Kai und Pier?

Mole ist der schützende Damm eines Hafens oder einer Hafeneinfahrt. Auf der Innenseite gibt es oft Anlegemöglichkeiten. Das freie Molenende heißt Molenkopf.

Ein *Kai* ist das befestigte Ufer. Die senkrechte Stein-Ufereinfassung, an der man anlegen kann, heißt Kaimauer.

Eine *Pier* ist eine in das Wasser vorgebaute feste Anlegeanlage aus Stein. Eine Holzausführung wie bei den Binnenseen wäre dann ein Steg.

Vorüberlegungen

Eine zentrale Rolle innerhalb der Seemannschaft des Fahrtensegelns spielen die Wahl eines Liegeplatzes (Hafen, Mole, Pier, Kai oder Ankerbucht), das Hineinfahren in Hafen oder Bucht (und auch wieder das Hinausfahren), das Anlegen und Ablegen, dazu das Ankern. Hier kommt es darauf an, dass der Umgang mit der Fahrtenyacht sicher beherrscht wird. Es geht nicht mehr darum, in Jollenart einen Aufschießer gegen den vertrauten Steg zu fahren – mit den Bremsmöglichkeiten durch Backdrücken des Großsegels oder Abhalten am Steg. Nun herrschen andere Kriterien, und es sind mehrere Faktoren zu beachten:

➤ Es muss mit einer schweren Yacht genau manövriert werden, ein Abbremsen durch Abhalten ist kaum mehr möglich.

➤ Es handelt sich um immer wieder neue und unbekannte Häfen oder Buchten mit jeweils anderen Überraschungen und Gegebenheiten.

➤ Nun müssen wir verschiedene Anlegearten beherrschen (Bug oder Heck zur Pier oder zum Kai, längsseits dazu oder längsseits an anderer Yacht) und je nach Situation anwenden.

➤ Wir haben auch mit Platzproblemen zu rechnen.

➤ Wir müssen unseren Tiefgang und die Wassertiefe des Hafens beachten.

➤ Man wird intensiv mit Leinenhilfe arbeiten.

➤ Es muss das Ankern bei verschiedenen Gegebenheiten vertraut sein.

Drehen auf engem Raum

Die An- und Ablegemanöver werden beim Fahrtensegeln normalerweise unter Motor gefahren. Grundlegende Voraussetzung zum Gelingen eines Manövers unter Maschine ist, dass man die Wirkung des Propellers und dessen Drehrichtung kennt und damit umgehen kann. Folgende Frage muss geklärt sein: Ist der Propeller rechts- oder linksgängig, nach welcher Seite wird das Heck bei Rückwärtsfahrt versetzt? Da man in Häfen oder Ankerbuchten oft wenig Platz hat, großzügig zu manövrieren, muss der Skipper in der Lage sein, bei Bedarf die Yacht auf engem Raum zu wenden bzw. zu drehen. Dieses Drehen, richtig praktiziert, ist einfach: Man führt, ohne die eingeleitete Ruderlage zu verändern, ein kleines Wechselspiel zwischen Vorwärts- und Rückwärtsgang durch. Besonders wirkungsvoll ist hierbei der Rückwärtsgang, der das Heck anfänglich deutlich zur Seite versetzt.

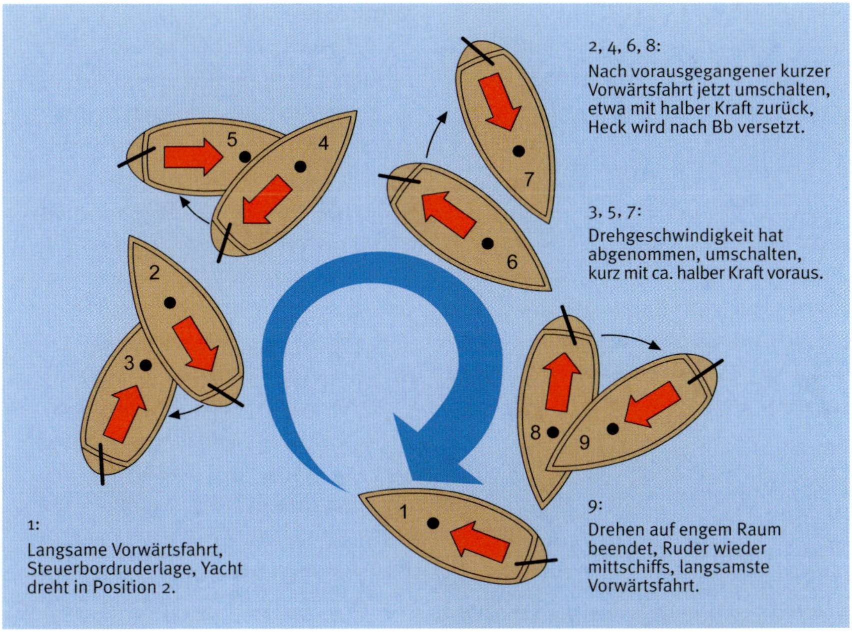

Drehen auf engem Raum unter Motor, z. B. mit einer Yacht mit rechtsgängigem Propeller. Das Heck der Yacht wird bei Rückwärtsgang und kurzem Gasgeben nach backbord versetzt.

Festmachen

Zum Festmachen der Yacht dienen kräftige und ausreichend lange Leinen: die *Festmacher*. Es handelt sich dabei um *Vor-* und *Achterleine*, *Vor-* und *Achterspring*. Je nach Liegeplatzart kommt auch noch ein Anker zum Einsatz. Zum Schutz der Außenhaut der Yacht müssen immer genügend Schutzpolster *(= Fender)* ausgehängt werden. Häufig sind die Festmacher an ihrer einen Seite mit einem eingespleißten größeren Auge versehen, um die Leine sofort über einen Poller werfen zu können. Fehlt ein solches Auge, dann wendet man den typischen Festmacherknoten an: den *Palstek*.

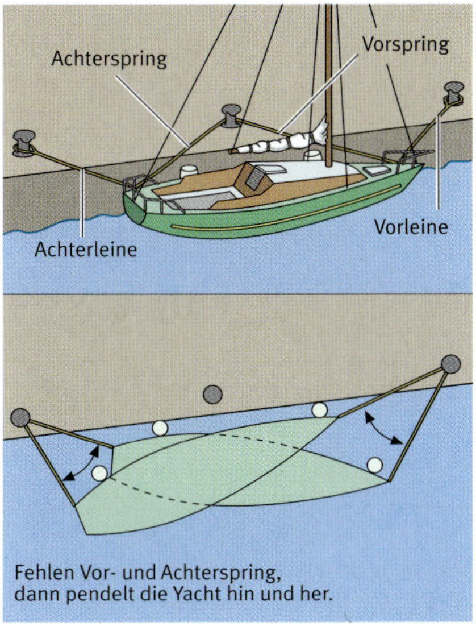

Damit die Yacht beim Längsseitsliegen auch bei ungünstigem Wind und Strom parallel gehalten wird, benutzt man zusätzlich eine Vor- und eine Achterspring.

Achtung:
Beim Festmachen darauf achten, dass nicht die übrige Leine meterlang auf Land herumliegt. Nachdem die Leine fest ist, wird von Bord aus die Länge reguliert!

Ganz allgemein sollten die Festmacherleinen nicht zu stramm durchgesetzt werden, und in Tidengewässern ist zusätzlich darauf zu achten, sie von Zeit zu Zeit dem geänderten Wasserstand anzupassen.

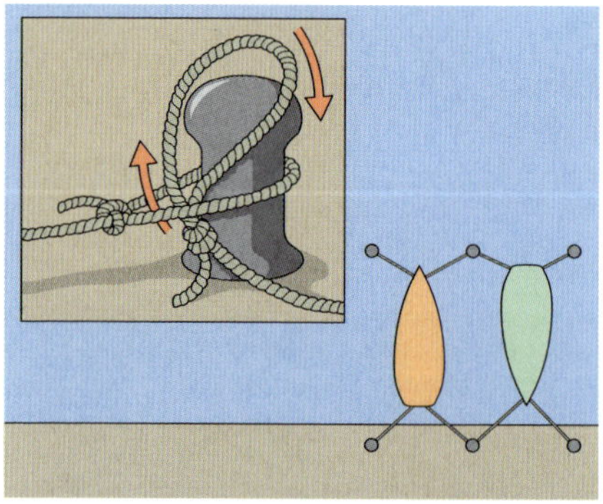

Sind über einen Poller auch Leinen anderer Yachten geworfen, so gebietet die seemännische Höflichkeit Folgendes: Man führt seine eigene Leine von unten durch das Auge der anderen Leine(n). Jeder kann dann seinen Festmacher abnehmen, ohne behindert zu sein.

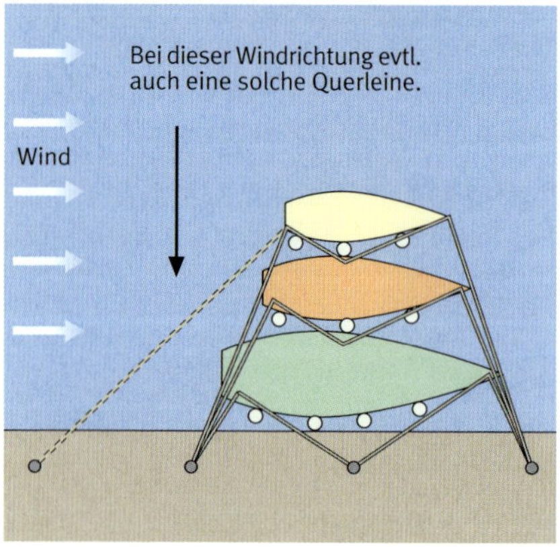

Liegen im Päckchen.

Längsseits

Als sehr günstig erweist es sich, wenn die Yacht längsseits an einer Anlegestelle festgemacht werden kann, wie es besonders im Nord- und Ostseebereich üblich ist. Bei dieser Liegeplatzart müssen neben der Vor- und Achterleine unbedingt noch eine *Vor-* und eine *Achterspring* ausgebracht werden, sonst pendelt das Boot zu stark. Alle vier Leinen sind gleichmäßig festzumachen, dadurch fangen jeweils Vorleine und Achterspring einen Druck von vorne und Achterleine und Vorspring einen Druck von achtern gemeinsam auf. Wichtig sind dabei natürlich die Fender.

Im Päckchen

Sind alle Plätze mit längsseits liegenden Yachten besetzt (wie heutzutage während der Hauptsaison schon fast üblich), bleibt nichts anderes übrig, als längsseits an eine andere Yacht zu gehen. Dieses längsseits Nebeneinanderliegen zweier oder auch mehrerer Yachten nennt man Liegen *im Päckchen.*
Hierbei achte man auf Folgendes:

- Die Boote müssen so versetzt sein, dass ihre Masten nicht zusammenschlagen können.
- Größere Yachten sollen innen liegen, kleinere außen.
- Die eigenen Fender werden immer landseitig ausgebracht.
- Die Vor- und Achterspring werden am innenliegenden Boot belegt, Vor- und Achterleine möglichst an Land.

Ein Liegen im Päckchen ist auch mit einer solch großen Zahl von Yachten möglich.

Hier erkennt man deutlich eine lange Querleine, die von einer der äußeren Yachten zum Land verläuft.

Nachdem heutzutage in den Sommermonaten die Häfen vieler Fahrtensegelreviere überfüllt sind und das Liegen im Päckchen eine große Rolle spielt, müssen wir jetzt in diesem Zusammenhang an die grundlegende seemännische Höflichkeit erinnern.

➤ Man fragt, ob man längsseits an der betreffenden Yacht anlegen darf.

➤ Man verweigert selbstverständlich nicht das Längsseitsgehen einer anderen Yacht.

➤ Wenn vom äußeren Boot aus über die andere(n) Yacht(en) gestiegen werden muss, um an Land gehen zu können (und umgekehrt), dann bewegt man sich

Mit Bug oder Heck an Pier oder Kai.

rücksichtsvoll leise und mit sauberen Schuhen über das jeweilige Vorschiff. Die Höflichkeit gebietet auch zu fragen, bevor man ein fremdes Schiff betritt.

Mit Bug oder Heck an Pier oder Kai

Besonders in Mittelmeerhäfen ist diese Liegeart üblich. Nachdem in der Regel kaum Festmachertonnen ausgelegt sind, benötigen wir jetzt den Bug- oder Heckanker. Soll die Yacht Bug voraus an den Liegeplatz gehen, so muss rechtzeitig und in ausreichendem Abstand der Heckanker geworfen werden. Zeigt dagegen das Heck zur Pier (»italienische Art«), so wird der schwerere Buganker benutzt. An der Pier selbst werden zwei Festmacher auf Stb und Bb schräg an Land ausgebracht, dazu Fender auf beiden Seiten. In Marinas kann man sich häufig das Werfen eines Ankers sparen,

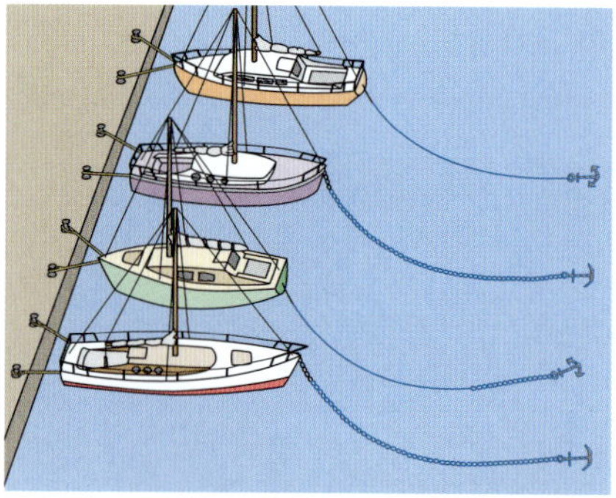

wenn so genannte *Murings* vorhanden sind. Es handelt sich um an der Pier befestigte Verbindungsleinen zu einer Verankerung. Eine solche Leine kann man aufnehmen und an Bord statt Ankerleine oder -kette belegen.
Ob die Yacht mit dem Bug oder Heck zum Liegeplatz zeigen soll, ist vorwiegend Ansichtssache, manchmal auch eine Frage der Verhältnisse.

Diese Yachten haben eine Muringtonne zur Verfügung und brauchen weder Bug- noch Heckanker. Es handelt sich hier um die bekannte Tonne in Santorin. Besonders vor dem Bau der neuen Marina wurde sie gerne aufgesucht.

Mit Bug zu Mole/Pier/Kai	
Vorteile	**Nachteile**
Anlegen einfacher, Cockpit von Land aus weniger einsehbar, bei staubigen Molen weht weniger Schmutz ins Cockpit, Ruderanlage kann nicht beschädigt werden durch Mauervorsprünge unter Wasser oder Untiefe in Piernähe.	Heckanker ist oft leichter und hält evtl. schlechter, Von- und Anbordgehen über den Bugkorb oft unpraktischer als über Heckkorb, bei stark auflandigem Wind und großem Spiegel am Heck oft schlechteres Liegen als mit Bug nach außen, Ablegen etwas umständlicher.
Mit Heck zu Mole/Pier/Kai	
Vorteile	**Nachteile**
Buganker zuverlässiger, Ablegemanöver einfacher, bei auflandigem Wind und Schwell sichereres Liegen, Von- und Anbordgehen leichter.	Anlegemanöver schwieriger wegen des starken Radeffektes beim Rückwärtsfahren, freier Einblick ins Cockpit von Land aus, dazu mehr Verschmutzung, Ruderanlage weniger geschützt.

Die Vor- und Nachteile sind in der obigen Übersicht aufgeführt.

Wahl des Liegeplatzes

Die Entscheidung für einen Liegeplatz gehört mit zum Wichtigsten beim Fahrtensegeln. Zum einen bestehen bestimmte Vorstellungen und Ansprüche von Skipper und Crew, zum anderen müssen auch die Verhältnisse berücksichtigt werden. Folgende Fragen sind in die Überlegungen einzubeziehen:

- Ist der Liegeplatz windgeschützt und für den Tiefgang der Yacht geeignet?
- Kann er bei den herrschenden Wind- und Seegangverhältnissen (Brandungswelle?) angelaufen werden?
- Ist der Liegeplatz reizvoll und ruhig?
- Gibt es Wasser, Einkaufsmöglichkeiten, Kraftstoff?
- Ist der vorgesehene Hafen überlaufen, und müssen wir mit Platzproblemen rechnen?

Um eine richtige Entscheidung treffen zu können und um sich vorstellen zu können, welche Liegeplatzmöglichkeiten der ausgewählte Hafen oder die Ankerbucht bieten, ist eine rechtzeitige Information darüber unumgänglich. Dazu studiert man eingehend die Seekarte und einen speziellen Hafenplan der Seekarte sowie ein Hafenhandbuch.

Beispiel für die Wahl eines Liegeplatzes

Wir segeln in den jonischen Gewässern von Korfu in Richtung Levkas. Wegen

Hafen für Fischerboote und Yachten. Findet man – wie so oft – keinen Platz an Pier bzw. Kai, lautet der Ausweg: ankern.

Kräftiger Kai einer großen Marina, aber wegen der Zufahrtsstraße weniger romantisch und zu unruhig zum längeren Verbleib.

Dieser Hafen liegt zwar geschützt, gefällt aber wegen der dort angesiedelten Industrie und wegen der Berufsschifffahrt sicher nicht jedermann.

Kleine reizvolle Mole in einer Bucht, die aber im Hinblick auf evtl. Extremverhältnisse – etwa von außen anrollende Wellen – etwas zu offen ist.

Eine begehrte Marina mit ausgedehnten Versorgungseinrichtungen an der Südwestküste Istriens.

Eine kräftige, schön gelegene Pier, bei der aber ein schützender Hafen außen herum fehlt.

schwacher Windverhältnisse sind wir in Zeitverzug geraten, und so erwägen wir einen Zwischenstopp für eine Nacht. Also: genaues Studium der Seekarte und Lektüre in einem Hafenhandbuch. Es bietet sich die Insel Paxos an. Welche Hafen- bzw. Liegemöglichkeiten gibt es dort? Nach eingehender Beschäftigung mit dem Hafenhandbuch fällt uns Lakka im Norden von Paxos auf. Die Beschreibung klingt verlockend. Die Rede ist von einer geräumigen Bucht, die bei fast allen Winden guten Schutz bietet, allerdings mit Ausnahme einer Dünung bei starkem Nordwind. Das Hafenhandbuch berichtet von einem malerischen Ankerplatz mit Wassertiefen von 3 bis 5 Metern, gutem Ankergrund und der Möglichkeit, bei Platzmangel eine Leine zum Ufer auszubringen.
Genannt wird auch ein kurzer Kai für kleine Yachten, der aber wegen Fähranleger wenig Platz bietet. Im gezeichneten Hafenplan sind hier auch Flottilien (Verband gleichartiger Yachten) genannt. Da nach unseren Wetterinformationen keine starken nördlichen Winde zu erwarten sind, wählen wir diese Bucht. Wir werden mit geborgenen Segeln langsam unter Motor, klargelegtem Anker und bereitliegenden Festmacherleinen in diese Bucht einlaufen und während einer Hafenrunde die Situation abklären. Ist evtl. doch Platz am Kai oder kommt nur Ankern in Frage? Wie viele Yachten ankern schon und wo ist evtl. der günstigste Ankerplatz? Die Hafenrunde zeigt: In dieser Bucht läuft es aufs Ankern hinaus.
Da schon etliche Yachten dort liegen und wir Bedenken haben, einen Platz mit einem großen freien Schwojkreis (Drehkreis) zu finden, lassen wir im westlichen Teil den Buganker fallen und bringen zusätzlich eine lange Leine zum Ufer aus.

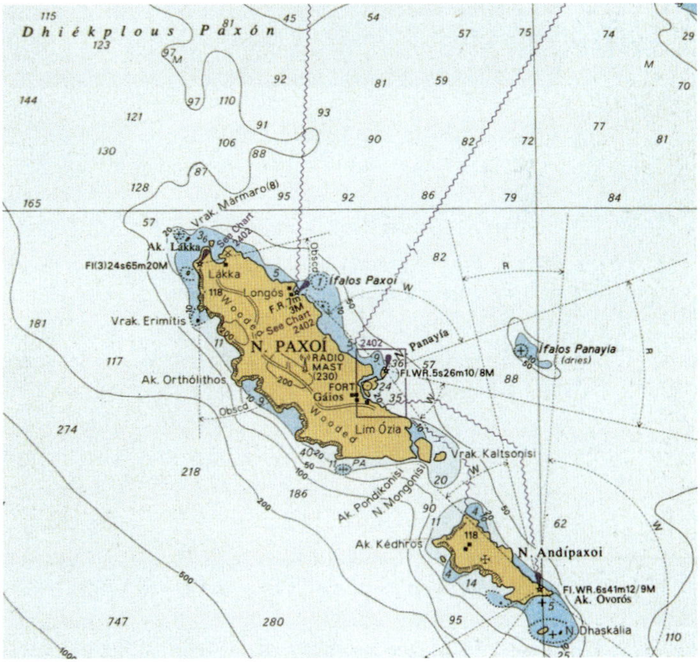

Die Inseln Paxos (Paxoi) und Antipaxos (Antipaxoi) aus der englischen Seekarte Jonian Sea, Nr. 206.

Die Lakka-Bucht im Norden von Paxos, bei der vorwiegend nur ein Ankern in Frage kommt. Bei Platzmangel kann es günstig sein, zusätzlich zum Anker eine lange Leine zum Ufer auszubringen.

Das Liegeplatzmanöver

Wenn auf Grund der zuvor genannten Überlegungen und des Studiums von Hafenplan und Hafenhandbuch die Entscheidung für einen Liegeplatz gefallen ist und Vorstellungen über die Anlegestelle gegeben sind, erfolgt als Nächstes das **Anlegen** selbst.

Wichtig dazu: Alles rechtzeitig klarlegen und einteilen, damit keine Hektik auftreten kann.

Folgendes ist zu tun:

1. Die Crew-Mitglieder bekommen genaue Aufgaben zugeteilt, z. B. eine Person steuert, eine bedient Vorleine und Vorspring, eine Achterleine und Achterspring, eine ist zuständig für Bootshaken und Fender und eine beobachtet das Echolot.
2. Die Festmacherleinen werden klargelegt, d. h. von außen her durch die Klüsen geführt, an Bord gut belegt und anschließend sauber aufgeschossen.
3. Die Fender werden angeschlagen, aber zunächst noch binnenbords belassen.
4. Ankergeschirr ist je nach Liegeart klarzulegen.
5. Der Bootshaken wird, z. B. auf dem Kajütdach, bereitgelegt.
6. Sofern über die Wassertiefe nicht eindeutige Klarheit herrscht, wird das Echolot eingeschaltet und mit einem Beobachter besetzt.

Nachdem die meisten Häfen während der Hauptsaison überfüllt sind und es somit zunächst noch nicht klar ist, an welcher Stelle man einen freien Platz finden wird, fährt man normalerweise unter Maschine. Man holt also die Segel rechtzeitig vor dem Hafen herunter (schlägt sie aber keineswegs ab – wenn der Motor ausfällt, braucht man sie wieder!), läuft in langsamster Fahrt unter Maschine ein und dreht zweckmäßigerweise zunächst einige Informationsrunden. Zum anschließenden Anlegen müssen wir natürlich die Propellerwirkung kennen. Sie erinnern sich: Dreht der Propeller nach rechts, wird auch das Heck nach rechts versetzt (und umgekehrt). Diese Propellerwirkung (*Radeffekt*) ist besonders bei Rückwärtsfahrt ausgeprägt. Gelingt das Anlegemanöver gut, so erfolgt das Stoppen, z. B. an der Pier, alleine durch Manövrieren mit der Maschine. Falls erforderlich, muss beim Längsseitsliegen die restliche Vorausfahrt mit der Achterleine, die restliche Achterausfahrt mit der Vorleine abgebremst werden.

Diese Yacht fährt extrem langsam in eine Lücke an der Pier. Der Heckanker ist bereits geworfen, die Ankerleine bedient man gefühlvoll und prüft, ob der Anker auch halten wird. Genügend Fender haben rechtzeitig ihren Platz eingenommen, die Vorleinen sind klar. Wichtig ist das Abhalten zu den Nachbarbooten. Als Crew-Mitglied einer Nachbaryacht hilft man natürlich.

Anlegen mit linksgängigem Propeller, Pier oder Kai an Steuerbord.

Ganz rechts: Anlegen mit linksgängigem Propeller in Lücke, Pier oder Kai an Backbord.

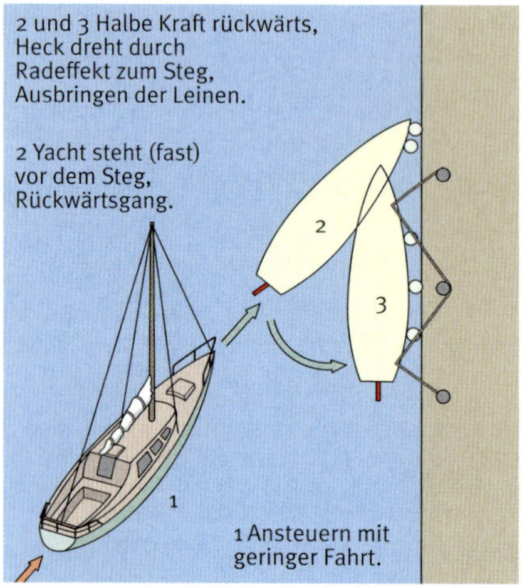

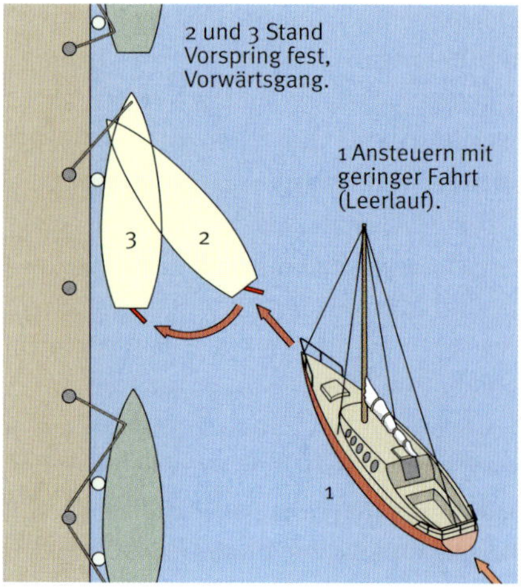

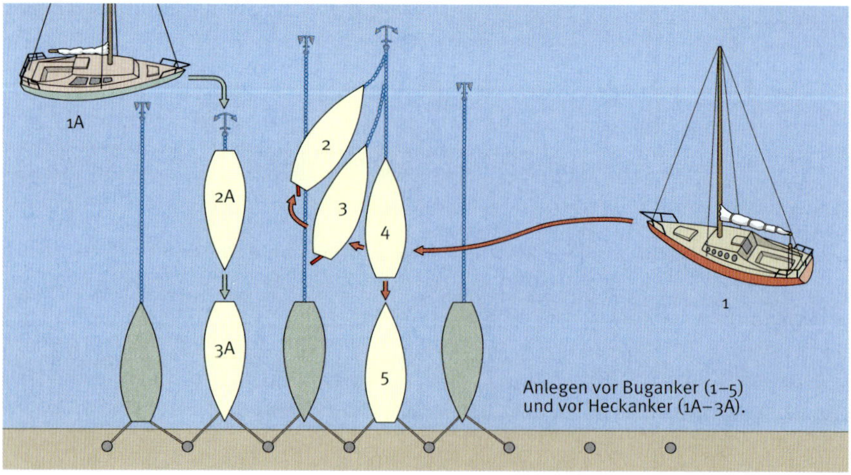

Beim Anlegen mit Bug voraus (1A–3A) steuert man in langsamster Fahrt an, lässt an geeigneter Stelle und in ausreichendem Abstand den Heckanker fallen und treibt langsam zum Liegeplatz. Beim Anlegen mit dem Heck zur Pier bzw. zum Kai (1–5) muss das seitliche Wegdrehen des Hecks beim Rückwärtsfahren berücksichtigt werden, indem man etwas über die geplante Ankerkettenlinie hinaussteuert und dann, leicht schräg stehend, den Buganker fallen lässt. Im Verlauf der folgenden langsamen Rückwärtsfahrt wird das Heck versetzt (hier nach rechts) und die Yacht kann die Lücke erreichen. Wichtig bei Rückwärtsfahrt: Steuerrad oder Pinne gut festhalten und nicht zu stark Ruder legen! Achtung: Die Abstände zwischen Liegestelle und Anker sind hier verkürzt wiedergegeben; in Wirklichkeit müssen sie deutlich länger sein!

Herrscht Strom, so ist grundsätzlich gegen diesen anzulegen.

➤ Vergessen Sie nicht, sich nach dem Anlegen im Hafenamt bzw. beim Hafenmeister zu melden!

Beim **Ablegen** wird normalerweise wieder die Maschine benutzt, es sei denn, die Yacht liegt an einer eindeutigen Leeseite mit viel Platz neben sich und das Ablegen unter Segeln drängt sich geradezu auf. Wichtig ist nun wieder die sorgfältige Vorbereitung und Rollenverteilung, wobei wir so vorgehen:

1. Maschine kurz warm laufen lassen, damit sie nicht im falschen Augenblick stehen bleibt.
2. Festmacherleinen evtl. auf Slip nehmen, damit sie von Bord aus losgeworfen werden können.
3. Beiboot nicht an langer Leine am Heck festmachen, damit die Leine bei Rückwärtsmanöver nicht in den Propeller gerät.
4. Festmacherleinen beim Längsseitsliegen in solcher Reihenfolge loswerfen, dass die von Wind oder Strom belasteten zuletzt drankommen (bei Wind von vorne z. B. folgende Reihenfolge: Achterleine, Vorspring, Achterspring, Vorleine; bei ablandigem Wind: Vorleine, Vorspring, Achterspring, Achterleine).
5. Bug oder Heck (je nach Situation) so weit als möglich von Hand bzw. mithilfe des Bootshakens absetzen, dann Propeller einkuppeln.

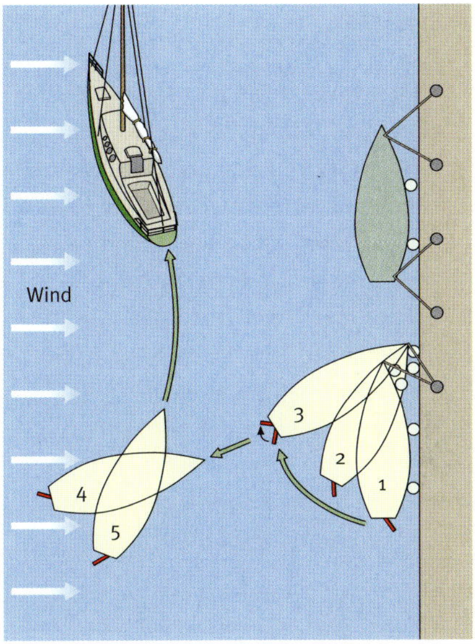

Ablegemanöver beim Längsseitsliegen in einer Lücke durch »Eindampfen in die Spring«.

6. Wichtig: Hartruderlage vermeiden, damit weder Bug noch Heck mit der Pier kollidieren.

Bei auflandigem Wind und in beengten Häfen spielt das Ablegemanöver mit *Eindampfen in die Spring* eine wichtige Rolle. Hierbei fährt man nach Loswerfen von Achterleine, Achterspring und Vorleine mit langsamer Vorwärtsfahrt in die auf Slip genommene Vorspring (Vorschiff gut mit Fendern gesichert!). Steht Zug auf diese Spring, gibt man bei Ruderlage zur Pier hin halbe bis volle Kraft voraus und lässt dadurch das Heck von der Pier wegschwenken. Sobald das Heck genügend frei ist, zieht man die Yacht mit Achterausfahrt aus der Lücke.

Ankern

Genauso wichtig wie die Hafenmanöver ist das Ankern beim Fahrtensegeln. Je nach Neigung und Naturverbundenheit wird man nämlich immer wieder einen (vielleicht überfüllten und lauten) Hafen meiden und sich in eine ruhige Ankerbucht zurückziehen. Auch wird sich immer wieder die Situation ergeben, dass man in Ermangelung eines geeigneten Hafens eine Ankerbucht aufsucht, um nicht in einen Sturm zu geraten. Damit sind wir schon beim ersten Hauptpunkt des Ankerns: bei der **Ankerbucht**.

Die Ankerbucht darf keine zu große Wassertiefe haben und muss in erster Linie eine geschützte Lage aufweisen.

Liegt die Yacht in der Bucht nicht vor Wind und Welle geschützt und kann sie somit in eine *Legerwall*-Situation (auflandiger Wind, Anker hält nicht, Yacht kann stranden) geraten, so ist die Bucht absolut unbrauchbar (siehe auch Fotos nächste Seite).

Damit man für alle Ankersituationen gewappnet ist, sollten unbedingt zwei **Anker** mitgeführt werden, und zwar möglichst in verschiedener Ausführung, z. B. *Stockanker* und *Patentanker* (z. B. Pflugscharanker oder Plattenanker). Der Stockanker erweist sich besonders bei steinigem und bewachsenem Grund als vorteilhaft, ein Patentanker dagegen eignet sich besser bei weichem und sandigem Grund. Natürlich gehört die richtig dimensionierte *Kette* oder ersatzweise mindestens eine Trosse mit *Ket-*

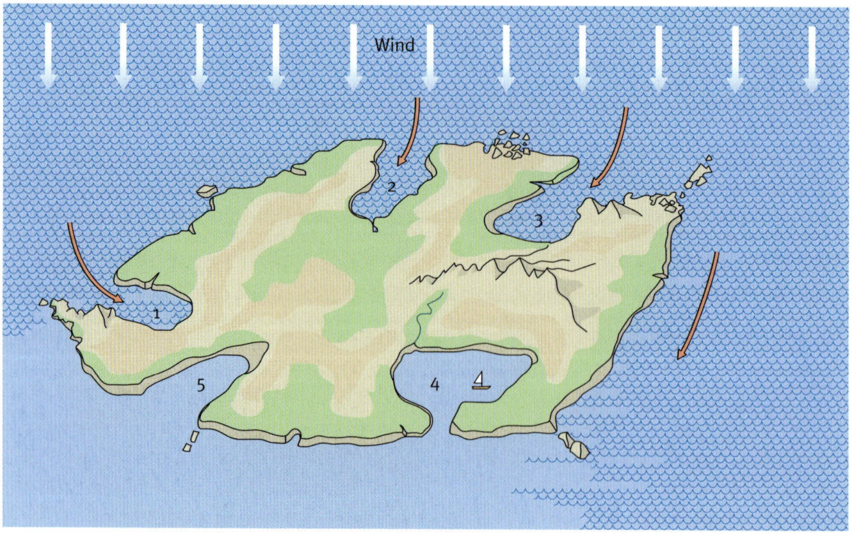

Ankerbeispiel bei starken nördlichen Winden: **1–3** unbrauchbare Ankerbuchten, **4** richtige Bucht, **5** nur brauchbar, wenn keine Winddrehung zu erwarten ist.

Das Hafenhandbuch sagt hier »eine nach SW offene, aber gegen Nordwinde gut geschützte Bucht«. Ist stürmischer Südwestwind angesagt, dann heißt es: Anker auf und weg.

Eine schöne, aber offene Ankerbucht. Kommt starker Wind von außen auf oder sagt der Wetterbericht einen solchen voraus, dann sollte man ohne Zögern diesen Platz verlassen.

tenvorlauf (Länge zwischen 5 und 15 Meter) dazu. Größe und Gewicht des Ankers, außerdem Länge und Stärke der Kette richten sich nach der Größe der betreffenden Yacht.

Beispiel für eine Yacht mit einer Verdrängung von 2 Tonnen:

1. Anker: 10,5 kg
2. Anker: 9,0 kg.

Eine sehr geschützte Ankerbucht. Da es hier eng ist und da kaum Platz für einen Schwojkreis vorhanden ist, benötigt man eine den Anker ergänzende Landleine.

Eine vorbildliche, ringsherum geschützte Ankerbucht.

Übrigens muss ein Stockanker immer schwerer als ein Patentanker sein (nach den nachfolgend genannten Richtlinien das 1,33-fache). Nähere Auskünfte erteilt eine Empfehlung der Germanischen Lloyd, die z. B. wiedergegeben ist in der Broschüre *Sicherheitsrichtlinien, Ausrüstung und Sicherheit von Segelyachten* der Kreuzerabteilung des Deutschen Segler-Verbandes.

Beim **Ankern** selbst beachten wir:

1. Liegen in der Bucht bereits mehrere Yachten vor Anker, dann wird die Stelle zum Fallenlassen des Ankers so ausgewählt, dass die Yacht um einen Kreis frei *schwojen* (drehen) kann.
2. Die Kette oder der Kettenvorlauf dürfen sich keinesfalls um den Ankerschaft oder um die Flunken wickeln, sonst hält der Anker nicht. Also das Manöver so einrichten, dass bei der ersten Grundberührung des Ankers die Yacht rückwärts treibt. Fährt man unter Maschine rückwärts, fördert das das Eingraben des Ankers.
3. Bei der Ankerkette muss mindestens die dreifache Wassertiefenlänge, besser die fünffache Länge gesteckt werden.

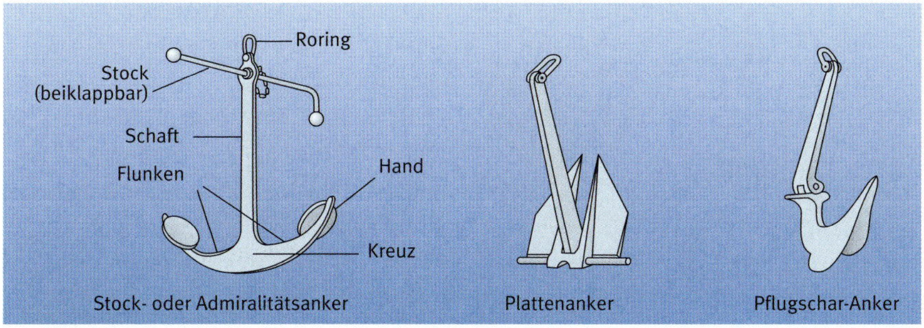

Für jede Ankersituation gibt es den richtigen Anker. Hier drei Beispiele.

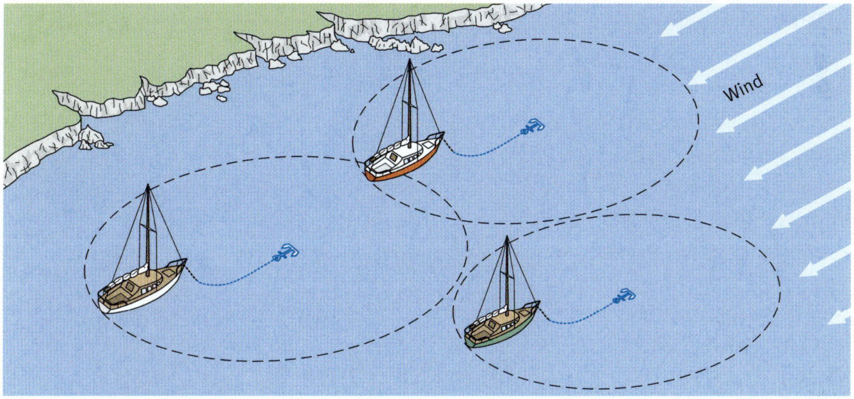

Bei mehreren Yachten muss jede um einen Kreis frei schwojen können.

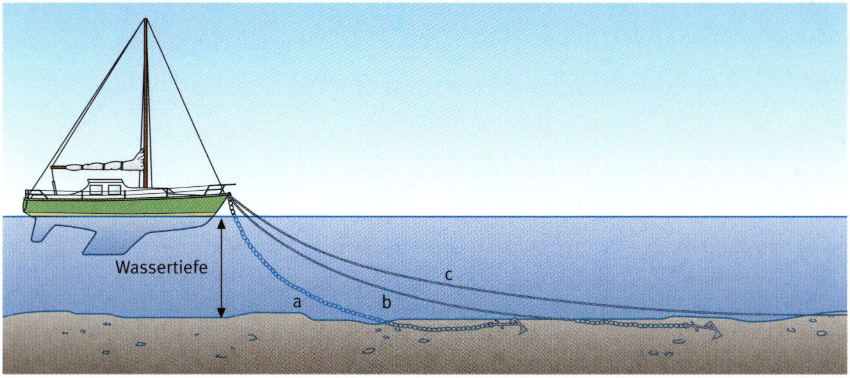

Die Länge von Ankerkette und -trosse richtet sich nach Situation und Gegebenheit.

Mindestlänge der Ankerkette bzw. -trosse: Die Mindestkettenlänge muss das Dreifache der Wassertiefe betragen. Bei Trosse mit Kettenvorlauf benötigt man etwa das Fünffache, bei Trosse alleine das Siebenfache. Bei stärkerem Wind muss unbedingt jeweils mehr Länge gestreckt werden, bei Sturm soviel wie möglich.

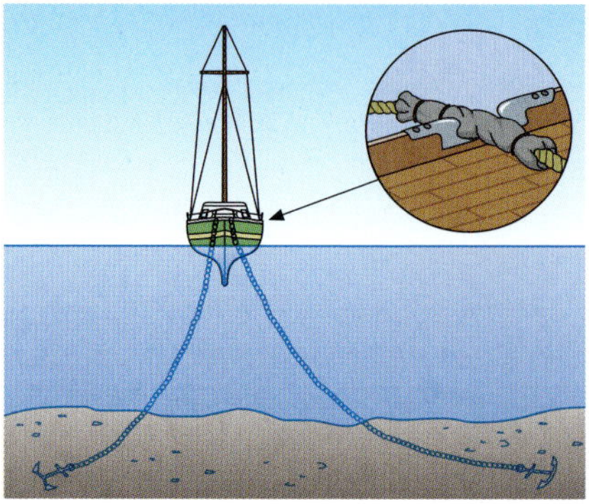

Ausbringen eines zweiten Ankers. Eine an Bord belegte Trosse könnte man vor dem Durchscheuern an der Klüse durch ein Plastikrohr oder einen Lappen schützen.

Bei einer Trosse benötigt man mindestens die fünf- bis siebenfache Länge. Bei einer Trosse mit Kettenvorlauf ergibt sich ein Mittelwert. Bei Starkwind und Sturm muss so viel Kette bzw. Trosse wie möglich gesteckt werden.

4. Zur Kontrolle, ob der Anker auch hält, nimmt man eine *Deckpeilung* querab vor. Bei starkem Wind muss eine Ankerwache eingeteilt werden.

Bestehen bei **Sturm** bzw. starkem **Strom** Bedenken, dass der Anker hält, so kann die Haltekraft durch das Ausbringen des zweiten Ankers erhöht werden. Speziell in strömenden Gewässern wendet man dabei das *Vermuren* an, d. h., ein Anker liegt stromauf, der andere stromab. *Verkatten* heißt die Methode, bei der zwei Anker etwa im Abstand der Wassertiefenlänge an derselben Kette ausgebracht werden. Häufiger ist die Möglichkeit, den zweiten Anker so neben den ersten zu legen, dass sich zwischen dem Bug und den beiden Ankern ein Dreieck ergibt.

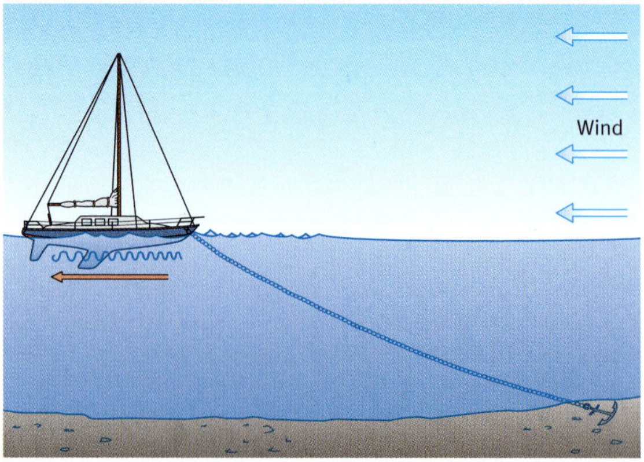

Das Eingraben des Ankers kann durch Rückwärtsfahrt mit Maschine gefördert werden.

Diese Yacht liegt verkattet da, d. h., an der gleichen Kette ist ein zweiter Anker angebracht. Ein Gewicht (Reitgewicht) an der Trosse erhöht die Haltekraft beim Ankern.

Sicherheit

Kleidung

Wenn Sie nicht mit der für das Fahrtensegeln geeigneten Bekleidung ausgerüstet sind, dann kann das für Sie recht mühsam und unangenehm werden, z. B. wenn Sie frieren. Es geht hier aber nicht um Unbequemlichkeiten, sondern um Ihre Gesundheit und damit auch um Ihre Sicherheit.
Sie benötigen also unbedingt – wenn Ihnen das Fahrtensegeln nicht grundlegend verdorben werden soll – neben einer leichten Sportkleidung für heiße Tage und einer festen, warmen Sportkleidung für kalte Tage eine Schlechtwetterbekleidung. Es handelt sich hier in erster Linie um ein so genanntes *Ölzeug,* oft in gelber oder roter Farbe, bestehend aus einer hochgeschnittenen Latzhose und einer Jacke, oder ersatzweise um einen *Segleroverall,* wie ihn besonders die Rennsegler bevorzugen. Zu diesem Schlechtwetteranzug braucht man auf alle Fälle *Seglerstiefel* mit einer geeigneten, rutschhemmenden Sohle. Achtung: Prüfen Sie vor dem Kauf (bei Billigangeboten) die Sohlen, ob diese nicht zu glatt oder zu grobstollig sind! Segeln Sie auf Revieren, die durch eine kühle Witterung ausgezeichnet sind (oder in kühlen Jahreszeiten), so vergessen Sie nicht die Handschuhe. Außerdem würde Ihnen ein

Bei der linken Yacht trägt ein Teil der Crew ein gelbes Ölzeug. (Sie erkennen hier auch eine hochgeschnittene Latzhose.) Die Mannschaft der rechten Yacht trägt rote Overalls. Aus Sicherheitsgründen sollten diese Schlechtwetteranzüge auffällige Farben (Rot, Orange, Gelb) aufweisen.

Der vorderste Segler trägt einen weißen Anzug. Gerade im Vergleich zu dem weißen, schäumenden Wasser rechts kann man sich deutlich vorstellen, wie schlecht eine Person mit weißem Anzug im Ernstfall gesehen werden kann.

So wie ein weißer Anzug beim Fahrtensegeln im Hinblick auf Notsituationen weniger günstig ist, so verhält es sich auch mit einem blauen Schlechtwetteranzug.

unter dem Segleranzug zu tragender *Faserpelzanzug* sehr helfen.
Orientieren Sie sich gegebenenfalls im Fachhandel, der eine breite Auswahl von Schlechtwetteranzügen (Jacken, Parkas, Hosen, Overalls) in ausgereifter Qualität und in unterschiedlichen Preislagen anbietet. Sehr komfortabel für das Körperklima – aber auch teurer – sind atmungsaktive Stoffe, für die auch die passende Funktionsunterkleidung angeboten wird. Sehr im Gespräch bei Jollenseglern, aber auch für Fahrtensegler in extremen Situationen nicht uninteressant, sind *Trockenanzüge,* die aus wasserdichtem Material bestehen und am Hals, an den Handgelenken und den Sprunggelenken mit weichen und fest sitzenden Gummimanschetten abgedichtet sind.

Sicherheitsausrüstung

Über Sicherheitsausrüstung haben wir schon im Kapitel »Ausrüstung« gesprochen, da im Grunde jeder Ausrüstungsgegenstand auch der Sicherheit dient (siehe dort die Übersicht). Hier sollen einige spezielle Gegenstände wegen ihrer Wichtigkeit hervorgehoben werden. Unverzichtbar für das Fahrtensegeln sind:

- Für jede Person an Bord eine ohnmachtssichere *Rettungsweste.* Am besten eignen sich für das Fahrtensegeln die aufblasbaren Westen (automatisch oder halbautomatisch).

Wichtig ist das rechtzeitige Anlegen der Sicherheitsgurte (hier rot). Rechts im Bild erkennt man den im Handlauf der Reling eingehakten Karabinerhaken der Sorgleine. Achtung: Die Reling kann nur zum Einhaken verwendet werden, wenn sie absolut stabil verankert ist.

- Für jede Person an Bord ein solider *Sicherheitsgurt* mit *Sorgleine.*
- Ein hufeisenförmiger *Rettungskörper* bzw. *Rettungskragen* als Nachfolger des ehemaligen Rettungsringes. Er muss in einer geeigneten Halterung (wurfbereit) – z. B. am Heckkorb – befestigt sein und zusätzlich ein *Nachtrettungslicht* und eine schwimmfähige Leine tragen.
- Notsignalmittel, z. B. *Signalpistole, Fallschirmsignalraketen, Handfackeln* (gesetzliche Bestimmungen beachten!).

Für kleine Fahrten in deutlicher Küstennähe brauchen Sie nicht unbedingt eine *Rettungsinsel,* wohl aber bei ausgedehnteren Törns.
Eine besondere Rolle beim Fahrtensegeln spielt der Sicherheitsgurt mit Sorgleine. Es gehört zum Grundgesetz der Seemannschaft, dass bei auffrischendem Wind und bei Sturmgefahr jedes Crew-Mitglied ganz selbstverständlich

Hier ist links am Heckkorb ein Rettungskörper (Mensch-über-Bord-Boje) als Nachfolger des früheren Rettungsringes zu erkennen.

Diese Yacht führt, am Achterstag befestigt, eine Markierungsboje mit – bestehend aus einer kleinen Boje und einer roten Flagge (hier eingerollt) an langer Stange. Diese Markierungsboje soll – über Bord geworfen – helfen, die Stelle wiederzufinden, wenn jemand über Bord gefallen ist.

seinen Sicherheitsgurt anlegt und sich dann bei schwierigen Verhältnissen mittels der Sorgleine an geeigneter Stelle durch den Karabinerhaken sichert. Ein Arbeiten am Vorschiff, z.B. um ein Vorsegel zu wechseln, darf dann ohne Sicherung nicht vorkommen, denn ein Überbordfallen stellt eine außerordentlich ernste Situation dar, die keinesfalls herausgefordert werden darf.
Im Hinblick auf die Sicherheitsausrüstung sollten Sie sich bei der Kreuzer-Abteilung des Deutschen Segler-Verbandes die kleine Broschüre *Internationale und nationale Richtlinien für die Ausrüstung und Sicherheit seegehender Segelyachten* besorgen.
Zu empfehlen ist auch die kostenlos vom Bundesministerium für Verkehr, Bau- und Wohnungswesen herausgegebene Druckschrift *Sicherheit auf dem Wasser.*

Reffen

Neben dem Anlegen der Sicherheitsgurte ist das *Reffen,* d.h. das Verkleinern der Segelfläche, die erste Sicherheitsmaßnahme bei auffrischendem Wind und Sturmgefahr. Sie sollten keinesfalls mit dem Reffen zu spät dran sein, denn:

- Bei zu viel Wind und zu großer Segelfläche krängt die Yacht zu stark, Sie segeln dabei nicht nur unbequemer, sondern auch unzweckmäßiger (Fahrtverlust, starke Luvgierigkeit).

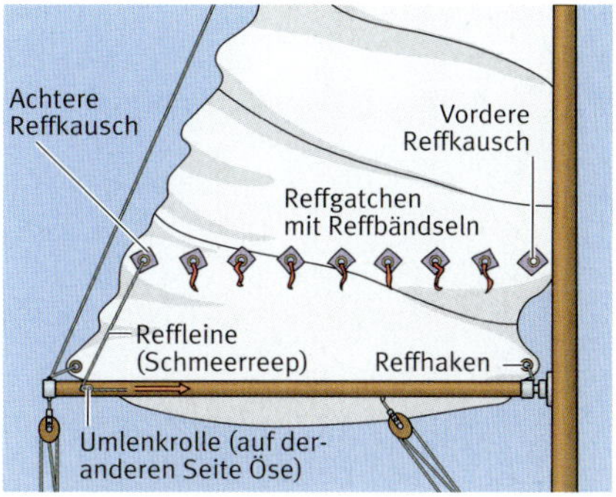

Die einzelnen Bestandteile eines Bindereffs.

- Die Belastung auf das Rigg wird zu stark, es könnten Schäden entstehen.
- Je mehr Wind Ihnen beim Reffen um die Ohren pfeift, umso schwieriger und risikoreicher wird die Arbeit.

Verbunden mit dem Reffen des Großsegels ist ein Verkleinern des Vorsegels, z.B. statt der Genua wird zunächst die Fock gesetzt, ist der Wind noch zu stark, dann die Sturmfock.
Dieser Austausch des Vorsegels dient nicht nur einer weiteren Verkleinerung der Gesamtsegelfläche, sondern ist auch angebracht, um die richtigen Segelschwerpunktsverhältnisse wieder herzustellen. Werden nämlich das Großsegel stark gerefft und das Vorsegel nicht verkleinert, dann wandert der Segeldruckpunkt nach vorne, und die Yacht wird leegierig. (Was allerdings kaum zum Tragen kommt, wenn die Yacht stark krängt und sich dadurch luvgierig benimmt.)
Natürlich wäre es angenehm, das Reffen in aller Ruhe im Hafen vornehmen zu

Bei solchen Verhältnissen muss gerefft werden.

Mitte links: Reffen ist unter schwierigen Bedingungen gar nicht so einfach und sollte schon vorgeübt sein.

Mitte rechts: Mit Reffbändseln fixiertes Segeltuch am Großbaum.

Bei dieser starken Krängung wäre ein weiteres Reduzieren der Segelfläche angebracht.

können. Dies ist aber in den meisten Fällen nicht möglich. Deshalb segeln wir am besten zum Reffen einen *Hartamwindkurs.* Bei schwierigen Bedingungen kann auch das *Beiliegen* für die Arbeit hilfreich sein.

Normalerweise ist die Fahrtenyacht mit einem *Bindereffsystem* oder einem heute selteneren *Dreh-* bzw. *Rollreff* ausgestattet. Beim Dreh- oder Rollreff wird das Großsegel um den Baum gewickelt: Dazu dreht ein Crew-Mitglied den Großbaum mittels Kurbel, ein zweites fiert das Großfall und ein drittes fasst am Achterliek. Vorteilhafter und verbreiteter ist das Bindereff, das das Segel mehr schont und weniger »Personal« beim Reffvorgang benötigt. Ein für dieses Reffsystem vorgesehenes Großsegel besitzt meist zwei Reihen von kleinen Kauschen *(Reffgatchen),* die mit *Bändseln* oder mit einer *Reihleine* versehen sind.

Der Reffvorgang: Reffkauschen des Vor- und Achterlieks unter Fieren des Großfalls niederholen, vordere Kausch in *Reffhaken* am Großbaum einhängen, achtere Kausch nach achtern holen und somit das neu gebildete Unterliek strecken.

Das lose Tuch beim neuen Unterliek auftuchen und mittels der vorgesehenen Reffbändsel oder Reihleine festzurren. Bei neuen Reffsystemen kann man auch das Großsegel in einen speziell konstruierten Mast oder in den Großbaum einrollen.

Verhalten bei schwerem Wetter

In einem geschützten Hafen einen Sturm abzuwettern, ist der Idealfall. Man sollte also eine kritische Wetterlage rechtzeitig erkennen und deshalb entweder nicht auslaufen oder frühzeitig einen geeigneten Hafen aufsuchen.

Zeigen sich auf Fahrt Sturmanzeichen, so sind umgehend die notwendigen Vorbereitungen zu treffen. Dies sind:

- Schlechtwetterbekleidung, Schwimmwesten und Sicherheitsgurt anziehen, entsprechend reffen.
- Tee kochen und in Thermosflaschen abfüllen, außerdem evtl. etwas essen.
- Alles an Bord seefest verstauen und verzurren.
- Alle Seeventile, Luken, Bullaugen und Lüfter schließen.
- Treibstoffvorräte überprüfen, Motor startklar machen (evtl. Probelauf).
- Bilgepumpe(n) überprüfen, ebenso die Lichter.
- Überflüssige Segelsäcke unter Deck verstauen, *Trysegel* bereitlegen.
- Seenotsignalmittel bereitlegen.
- Nochmal überprüfen, ob Anker, Beiboot, Bootshaken, Rettungsinsel zuverlässig festgezurrt wurden.
- Letzte Wetterinformationen hören.

Während der Vorbereitungen verlässt man auch ein betonntes Fahrwasser (sofern möglich), um nicht in Gefahr durch die Großschifffahrt zu geraten.

Dazu meidet man die gefährliche Luvseite einer Küste, stellt Position und Uhrzeit fest und trägt diese in die Seekarte ein, um sich dann gegebenenfalls durch *Koppeln* (siehe bei »Navigation«) über die jeweilige Position auf dem Laufenden halten zu können.

Einen nicht zu extremen Sturm kann man mit kleinster Besegelung (Sturmgroßsegel = Trysegel und Sturmfock) abwettern. Ist ein reguläres Segeln nicht mehr möglich, so kommen z. B. zwei Manöver in Frage: das *Beiliegen* und das *Lenzen vor Topp und Takel.*

Beim Beiliegen unter »normalen« Bedingungen, d. h. um zu stoppen, wird das Großsegel gefiert. Beim Beiliegen im Sturm wird das Trysegel angeholt.

Beiliegen

Das Manöver des *Beidrehens* mit anschließendem *Beiliegen* ist ein sehr universelles Manöver, das bereits in der Grundausbildung (auch mit Jollen!) eine Rolle spielt. Zur Erinnerung: Wir fahren z. B. eine Wende, lassen das Vorsegel back stehen und geben auf dem neuen Bug klar Luvruder. Das so zum Stoppen gebrachte Boot liegt etwa auf Halbwindkurs da, der Seegang rollt von der Seite heran, durch die Abdrift ergibt sich eine Wirbelbahn, die auf der Luvseite die Wasserfläche einigermaßen beruhigt und die heranrollenden Brecher mildert. Dazu gesellt sich die dämpfende Wirkung der Besegelung, die ein starkes Schlingern der Yacht einschränkt.

Die Abwettermethode durch Beidrehen/Beiliegen ist allerdings nur geeignet, solange die Yacht noch eine kleine Besegelung (Trysegel, Sturmfock) verträgt.

Lenzen vor Topp und Takel

Die häufigste Methode, einen heftigen Sturm abzuwettern, dürfte das *Lenzen vor Topp und Takel* (auch *Lenzen vor dem Sturm*) oder einfach gesagt das Ablaufen vor dem Sturm sein. Hierzu lässt man sich nach Bergen sämtlicher Segel einfach vom Sturm treiben (evtl. noch mit einem sehr kleinen Vorsegel). Voraussetzung dazu: genügend Seeraum nach Lee. Eine Gefahr bei dieser Methode stellen die überholenden Wellen dar, die ein Querschlagen der Yacht verursachen können. Abgesehen davon, dass sehr aufmerksam gesteuert werden muss, sollte man vielleicht über Heck lange, möglichst dicke Leinen ausbringen, die an beiden Heckseiten so belegt werden, dass sich Buchten ergeben. Eine weitere Methode, einen Sturm abzuwettern, ist das *Liegen vor Treibanker.* Da diese Möglichkeit etwas problematisch und dazu umstritten ist, verzichten wir auf eine Darstellung.

Mensch über Bord: Eine kritische Situation, die man keiner Crew wünschen kann.

Mensch über Bord, Anbordnehmen

Über kaum ein Manöver wurde schon so viel diskutiert wie über das **Mensch-über-Bord-Manöver** (in der Literatur bisher immer »Mann«-über-Bord-Manöver genannt).
Und über kaum ein anderes Manöver gibt es so viele verschiedene Meinungen. Bei vielen Gesprächen mit Seglern über dieses Thema habe ich immer wieder feststellen müssen, dass manche einerseits ihre feste Meinung zu diesem Thema wiedergeben, andererseits noch nie ein Mensch-über-Bord-Manöver (geübt als »Boje«-über-Bord-Manöver!) bei z. B. 7 oder 8 Windstärken mit einer Fahrtenyacht auf See ausprobiert haben. Da ich nun wenig von unerprobten Meinungen halte, hatte ich schon vor längerem ausgedehnte Untersuchungen unternommen und z. B. während eines Segeltörns bei 7 bis 8 Windstärken tagelang alle Arten dieser Über-Bord-Manöver durchgetestet (siehe dazu bei Interesse »Geschichte eines Manövers« in meinem Buch *Richtig segeln* in der gleichen Reihe).
Um meine Meinung kurz darzulegen: Die üblichen gelehrten Mensch-(Boje)-über-Bord-Manöver mit einem Nahezuaufschießer nach einer Halse oder Wende funktionieren zwar ausgezeichnet auf Jollen, Binnenrevieren und bei unproblematischen Windverhältnissen. Beim Fahrtensegeln würde ich mich aber im Ernstfall (bei welchem immer Starkwind weht!) niemals an ein solches Manöver mit einem Aufschießer heranwagen, denn:

- Durch den zwangsläufigen großen Manöverkreis besteht die sehr große Gefahr, die über Bord gefallene Person aus den Augen zu verlieren.

➤ Beim Aufschießer gefährde ich die Person durch die stampfende und durch die Wellen aus dem Kurs geworfene Yacht, sofern ich in Luv liege.
➤ Ich treibe beim Aufschießer sofort weg und kann die Person nicht erreichen, wenn ich in Lee liege.

Das Überbordfallen bei starkem Wind bzw. Sturm auf See ist – nicht zuletzt auch wegen der soeben genannten Punkte – höchst kritisch und lebensgefährlich und darf somit überhaupt nicht passieren. Deshalb gehört das rechtzeitige Tragen der Sicherheitsgurte mit Sichern durch die Sorgleine zur grundlegenden Seemannschaft.
Für den Ernstfall würde ich mir persönlich nur durch folgendes Vorgehen eine Chance geben:
1. Sofort wenden und beidrehen, um zunächst als erste wichtige Maßnahme in der Nähe der Unfallstelle zum Stoppen zu kommen. (Achtung: Segelt die Yacht keinen Amwindkurs, so muss vor dem Wenden erst unter Anholen der

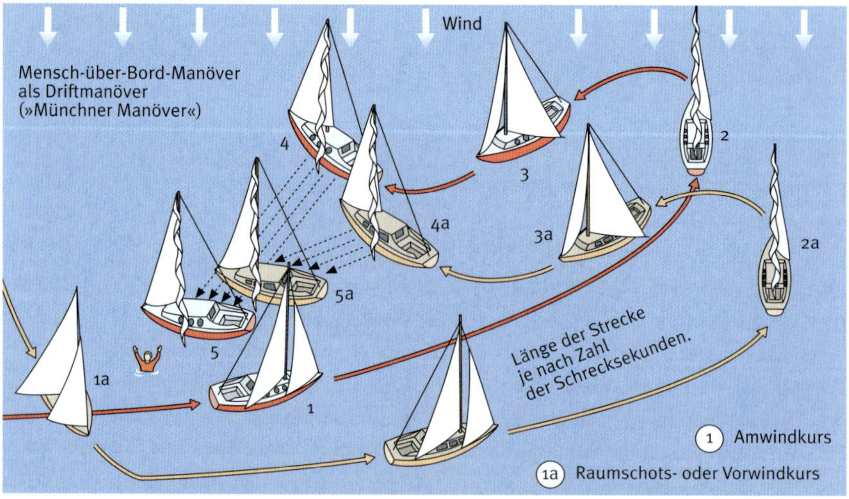

Das Boot in Position 1 fährt das Manöver aus Amwindkurs, das Boot in Position 1a aus Raumwindkurs. Wichtig: Liegt man nicht am Wind, so ist als Erstes unter Anholen der Schoten auf Amwindkurs zu luven. Nach den Schrecksekunden (beim Üben etwa 5 Sekunden einkalkulieren) erfolgt eine Wende (Position 2 bzw. 2a), wobei das Vorsegel back stehen bleiben muss und die Großschot losgeworfen wird. Gleichzeitig ist so weit abzufallen (Position 3/3a), bis der Bug kurz genau zur Person (Boje) zeigt. Unmittelbar darauf erfolgt die Luvruderlage zum Beidrehen (4/4a). Die nun beginnende Driftphase kann sehr gut beeinflusst werden durch mehrmaliges (und immer nur kurzzeitiges) Anholen des Großsegels (ein Aufgeben der Luvruderlage ist dabei meist nicht erforderlich). Wichtig: Bei der ersten Befürchtung, nicht hinzukommen (z.B. immer gegeben, wenn das Boot statt in Position 4 bei 4a liegt!), mit dem Anholen beginnen.

Schoten auf einen Amwindkurs angeluvt werden!).

2. Sofort die Maschine klarmachen lassen und anwerfen (die Maschine aber zunächst nicht benutzen!).

3. Während sich jemand um die Maschine kümmert, beiliegend zur Person hindriften lassen. Die Driftphase beeinflussen durch mehrmaliges Anholen des zuvor gefierten, gerefften Großsegels (Trysegels).

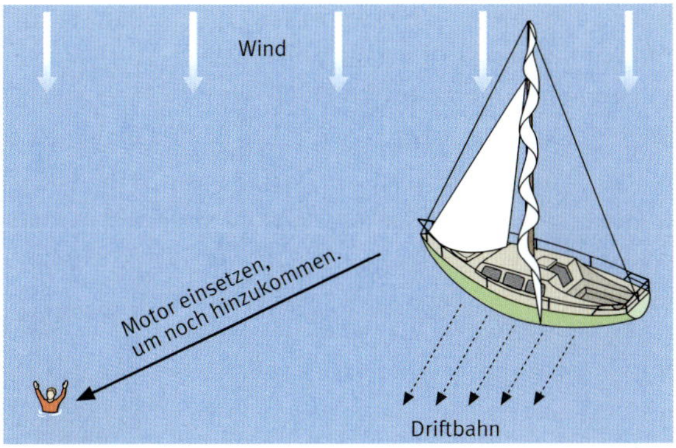

Wenn die Yacht nicht genügend Höhe hat, dann tritt bei starkem Wind diese Situation ein: Die Yacht müsste mehr nach vorne driften. Jetzt wäre der Zeitpunkt da, den Motor unterstützend einzusetzen.

Wenn nicht einige Höhe vor dem Wenden verschenkt worden ist, so liegt man in Luv und es kann die Driftphase mit Hilfe des mehrmaligen Anholens und Fierens des Großsegels so eingeteilt werden, dass die Person erreicht wird. Tauchen wegen fehlender Höhe Schwierigkeiten auf, noch hinzukommen, so hilft ein kurzes Einsetzen der Maschine (ein Stück Vorwärtsfahrt). Ist die Person erreicht, so kommt nun der Vorteil des Beiliegens mit dem stützenden Einfluss der Besegelung voll zur Geltung:

1. Die Yacht liegt verhältnismäßig stabil da (in einer auch bei Sturm geeigneten Position), eine Gefährdung der sich in Lee befindlichen Person ist nicht gegeben, wie in vielen Versuchen festgestellt werden konnte.

2. Die Yacht nimmt die ideale Lage im Hinblick auf das folgende Anbordhieven ein.

Dieses Mensch-über-Bord-Manöver in Driftform ist auch bekannt geworden unter dem Namen »Münchner Manöver«. Ich darf ganz nebenbei berichten, dass nun schon seit vielen Jahren dieses Manöver im Segelzentrum der Münchner Hochschulen gelehrt wird, und zwar mit so gutem Erfolg, dass ich heute noch überzeugter davon bin als vor Jahren. Wenn Sie das Manöver ausprobieren, sollten Sie unbedingt folgende Dinge beachten:

1. Schenken Sie keine Höhe her, bevor Sie beidrehen, sonst haben Sie in der Driftphase Probleme, noch hinzukommen – und müssten dann z. B. den Motor zu Hilfe nehmen.

2. Der Wind darf nicht schwach sein, d. h., Sie brauchen so viel Wind dazu, dass die Yacht eindeutig zum Beiliegen kommt.

3. Der Gegenstand, den Sie über Bord werfen (irgendeine Boje, ein Ball im Netz oder eine Feststoffschwimmweste), muss unbedingt mit einem Gewicht an einer Leine oder mit einer Pütz als Treibanker versehen sein, sonst treibt Ihr »Mensch« schneller davon als die Yacht nachdriften kann.

Ein verantwortungsvoller Skipper beherrscht sein Mensch-über-Bord-Manöver, außerdem probiert er es mit einer ihm noch unbekannten Yacht gleich zu Beginn des Törns aus!

Das **Anbordnehmen** einer Person ist – sofern diese nicht einfach über eine Badeleiter einsteigen kann – ein ziemlich schwieriges Unternehmen. Verschiedene in Büchern beschriebene Methoden, wie z. B. mit Hilfe eines Falls, der Großschot oder eines Segels, erweisen sich in der Praxis oft als unrealistisch. Das wohl beste Hilfsmittel stellt hier eine eigene Rettungstalje, bestehend aus zwei dreischeibigen Blöcken, dar, die entweder an ein Fall oder an die Großbaumnock gehakt wird.

Schwerstarbeit im Ernstfall: Fassen und Abbergen einer über Bord gefallenen Person.

Abbergen mit Hilfe einer eigenen Rettungstalje. Der obere Block wird an ein Großfall gehakt oder – wie hier – an die Großbaumnock (Baum angedirkt). Der untere Block ist bei der Person eingehakt (Sicherheitsgurt oder notfalls auch Brustleine).

Notsignale

Seenotsignalmittel können in Notsituationen sehr wichtig sein. Welche Notsignale in Frage kommen, ist am Schluss der *Seestraßenordnung* festgelegt.

Diese Signale dürfen nur gegeben werden, wenn Not und die Notwendigkeit der Hilfe vorliegen. Eine anderweitige Verwendung von Signalen, die mit diesen Signalen verwechselt werden können, ist verboten. Bei der Anwendung eines Seenotsignals kann der gesamte Seenotrettungsdienst in Aktion treten – schon deshalb ist ein leichtfertiger Gebrauch nicht vertretbar.

Besonders wirkungsvoll sind die Feuerwerkssignale. Zu beachten ist aber dabei, dass der Erwerb, die Aufbewahrung, die Verwendung und die Beförderung solcher Signalmittel durch das Sprengstoffgesetz bzw. Waffengesetz von behördlichen Erlaubnissen abhängig gemacht werden.

Beim Abschießen von Leuchtraketen ist zu beachten:

➤ Immer zwei Schüsse verhältnismäßig kurz hintereinander abgeben, um durch den zweiten Schuss mehr Aufmerksamkeit erregen zu können und die Peilung der Richtung zu erleichtern.

➤ Einen dritten Schuss abgeben, wenn die Rettung naht, zwecks genauer Ortung der Stelle.

Eine rote Fallschirm-Leuchtrakete.

Das Notzeichen NC des Internationalen Signalbuchs.

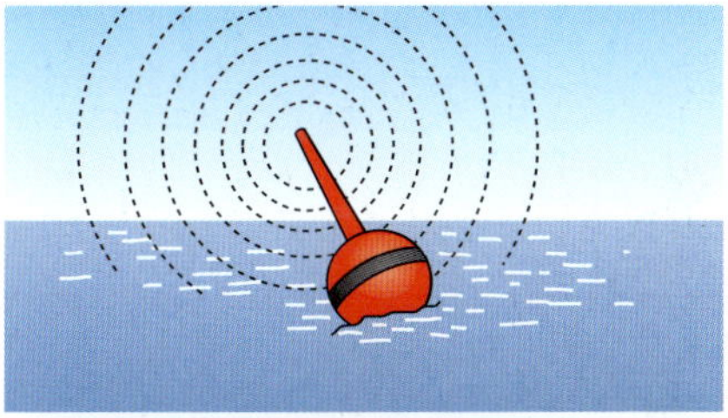

Von einer Seenotfunkboje ausgestrahlte Funksignale.

Flammensignale auf dem Fahrzeug. z. B. brennende Teertonnen, Öltonnen oder dergleichen.

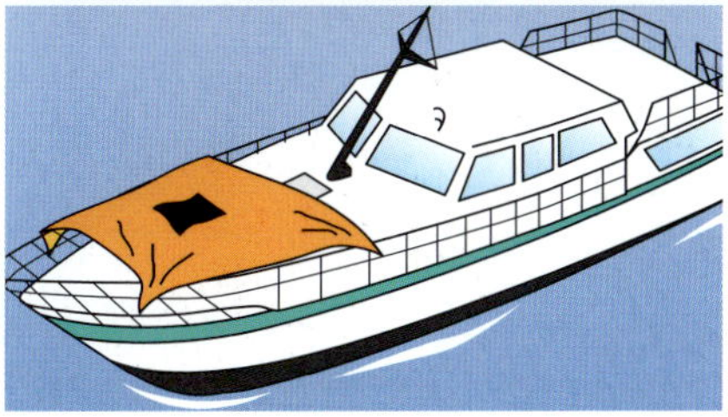

Ein Stück orangefarbenes Segeltuch mit einem schwarzen Quadrat oder Kreis (zur Erkennung aus der Luft).

1 Eine rote Handfackel.

2 Ein Rauchsignal mit orangefarbenem Rauch.

3 Knallsignale mit Abständen von ungefähr einer Minute.

4 Raketen oder Leuchtkugeln mit roten Sternen.

5 Langsames und wiederholtes Heben und Senken der Arme.

6 Ein Seewasserfärber.

7 Das Sprechfunksignal Mayday.

8 Anhaltendes Ertönen eines Nebelsignalgerätes.

9 Das Morsesignal SOS (...−−−...).

10 Ein Signal aus einer viereckigen Flagge, darüber oder darunter ein Ball oder etwas, das einem Ball ähnlich sieht.

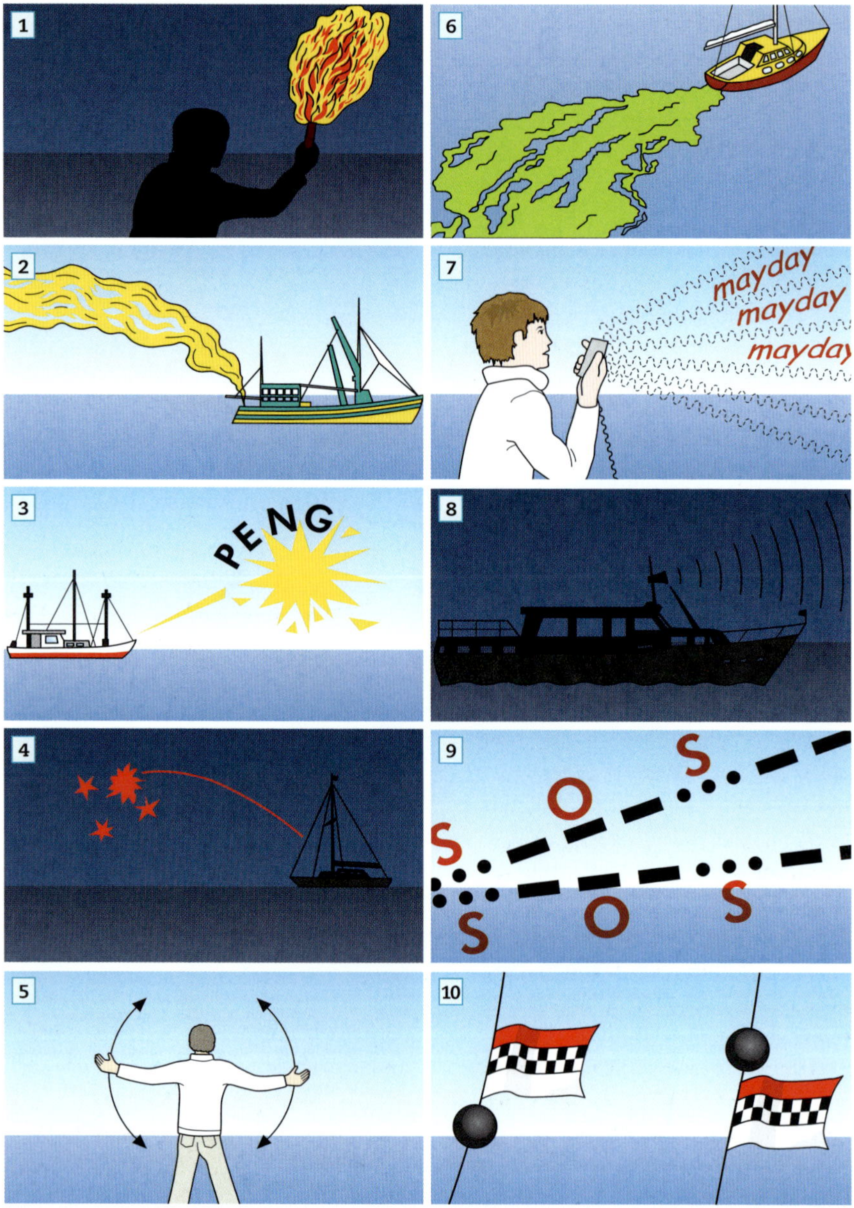

Navigation

Elektronische Navigation (GPS)

Die heutigen elektronischen Möglichkeiten haben die Navigation geradezu revolutioniert. Theoretisch könnte man auf die Kenntnisse der traditionellen Navigationsarten verzichten und nur noch die modernen Geräte benutzen, die im Grunde einfach, sicher und genau sind. Sie gehören inzwischen zum Navigationsstandard, kosten aber auch Geld. Soll man sich aber ganz auf die Elektronik verlassen? Was tun, wenn das Gerät ausfällt, wenn Batterien und andere Stromquellen streiken? Man sollte als guter Skipper für den Fall gewappnet sein, dass die gesamte Bordelektronik ausfällt. Auch wenn man ein »Elektronikfan« ist und die entsprechenden Geräte zur Verfügung hat, sollte man traditionell navigieren können. Dies macht übrigens auch Spaß (warum sollte ich Geld für ein elektronisches Gerät ausgeben, wenn es kostenlos auch geht?) und zur Führerscheinprüfung muss man die Navigationskunst ohnehin pauken.

GPS lauten die heutigen Zauberbuchstaben, es ist die Abkürzung für das aus den USA stammende *Global Positioning System*. Das System beruht auf 24 Satelliten, die auf acht niedrigen Umlaufbahnen die Erde umkreisen. Mindestens drei dieser Trabanten sind immer von jedem Punkt der Erde aus gleichzeitig in Sicht und jeder Empfänger, z. B. an Bord einer Yacht, ist in der Lage, aus der Laufzeitdifferenz der Empfangssignale die genaue Position zu errechnen. Mit GPS-Hilfe erhält man also jeweils den Standort, der so genau angezeigt wird, dass man sogar die Bootsgeschwindigkeit ermitteln kann.

GPS-Geräte gibt es als Einbaugeräte an Bord und als Handgeräte, die inzwischen schon Handyformat erreicht haben. Wer aber noch weitergehend mit Elektronik navigieren möchte, kann die normale Seekarte zur Seite legen und mit Hilfe eines GPS-Kartenplotters arbeiten. Damit lässt sich ohne eigenes Zutun jederzeit der Schiffstandort in der Karte ablesen. Die Kartendaten sind auf einem Chip gespeichert und werden auf einem LC-Display dargestellt. Die elektronischen Karten sind aber deutlich teurer als die konventionellen Seekarten und sollten nur als Ergänzung benutzt werden.

So sieht ein GPS-Kartenplotter aus. Die Kartendaten sind auf einem winzigen Chip gespeichert und auf einem Display wie beim Notebook dargestellt.

Genauere Rezepte zum Navigieren mit GPS geben wir hier nicht, zu sehr ist die Entwicklung noch im Fluss. So ist z. B. auch der Aufbau eines europäischen Satelliten-Navigationssystems namens Galileo geplant.
Wir stellen auf den folgenden Seiten stattdessen wichtige Grundlagen des traditionellen Navigierens in küstennahen Gewässern vor – ein Wissen, das jeder Skipper unbedingt beherrschen muss.

Traditionelle Navigationsarten

Die Navigation stellt einen ganz wesentlichen Bestandteil des Fahrtensegelns dar. Nur mit ihrer Hilfe können wir den gewünschten Kurs beibehalten und den Schiffsort bestimmen. Ohne Navigation wäre das Fahrtensegeln undenkbar. Wir unterscheiden drei Grundarten der traditionellen Navigation:

1. Die terrestrische Navigation, die mit Hilfe von Landmarken und Seezeichen betrieben wird und die sich demnach im Küstenbereich abspielt.
2. Die Navigation nach Gestirnen – auch Astronavigation genannt –, die mit Hilfe von Winkelmessungen (Sextant) arbeitet und die sich im Hochseebereich abspielt.
3. Die Funknavigation mit Hilfe elektromagnetischer Wellen, die wir hier aber vernachlässigen können.

Nachdem das Fahrtensegeln im näheren Küstenbereich auf die Astronavigation verzichten kann, verbleibt die **terrestrische Navigation**, die auch einen Schwerpunkt bei der SKS-/BR-Schein-Ausbildung darstellt. Wir geben Ihnen auf den folgenden Seiten eine kurze Einführung, damit Sie sehen, was beim Fahrtensegeln auf Sie zukommt.

Schiffsort

Der Frage nach dem jeweiligen Schiffsort kommt innerhalb der Navigation eine zentrale Rolle zu. Das Auffinden einer angegebenen Position bzw. das Feststellen und Mitteilen des eigenen Schiffsortes geschieht mit Hilfe des allgemein eingeführten *Koordinatensystems.*
Von der Schule her kennen Sie die von Pol zu Pol verlaufenden *Meridiane.* Insgesamt ist die Erdkugel in 360 solche Meridiane geteilt, die vom durch die Sternwarte Greenwich in London laufenden *Nullmeridian* aus nach Ost und West bis je 180° durchnummeriert werden. Senkrecht zu den Meridianen verlaufen die *Breitenkreise.* Der größte Breitenkreis trägt die Nummer Null und ist der *Äquator.* Zwischen Äquator und den Polen sind in gleichen Abständen jeweils 90 immer kleiner werdende Breitenkreise gezogen, und zwar von 0° bis 90° Nord und 0° bis 90° Süd. Nördlich des Äquators liegen also die Orte nördli-

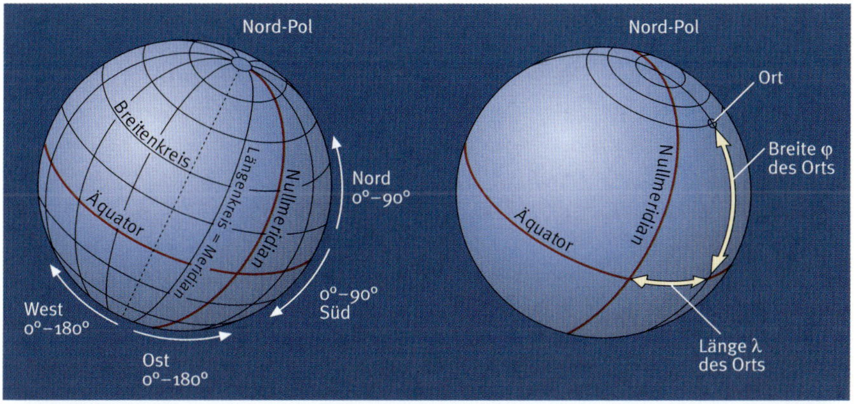

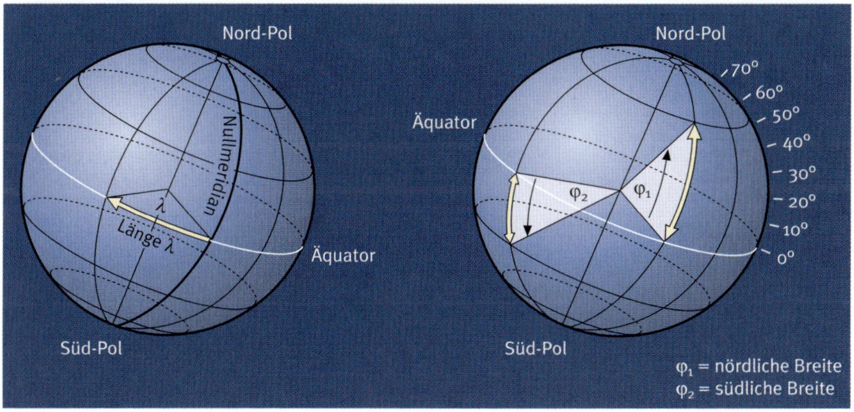

Die Erde ist in 360 Meridiane geteilt, durchnummeriert vom Nullmeridian aus nach Ost und West bis je 180°. Senkrecht zu den Meridianen liegen Breitenkreise, und zwar vom Äquator aus jeweils 90 Kreise von 0° bis 90° Nord und 0° bis 90° Süd).

Die geographische Länge λ ist der Winkel zwischen dem Nullmeridian und dem Meridian des betreffenden Ortes. Die geographische Breite φ ist der am Erdmittelpunkt gemessene Winkel, der sich aus der Äquatorebene und der Verbindung zum betreffenden Breitenkreis ergibt.

cher Breite, südlich davon die Orte südlicher Breite.
Durch die zwei Koordinaten *Länge* und *Breite* ist jeder Schiffsort genau festlegbar. Die geographische Länge (mit dem griechischen Lambda = λ bezeichnet) wird durch die Nummer des Meridians durch den Ort angegeben (genauer: Winkel zwischen dem Meridian des Ortes und dem Nullmeridian). Die geographische Breite (mit dem griechischen Phi = φ bezeichnet) ist der Abstand des Ortes vom Äquator auf dem Meridian des Ortes gemessen.
➤ Ein Ort wird also z. B. folgendermaßen bezeichnet:
φ = 40° 36,0' N (zweistellig)
λ = 013° 14,0' E (dreistellig)

Was bedeutet der Buchstabe »E« bei der Längenangabe? In der Navigation kürzt man »Ost« nicht mit »O« ab, da dieser

Buchstabe mit einer Null verwechselt werden könnte. Stattdessen nimmt man ein »E« (von engl. East).
Die Länge λ findet man jeweils am oberen und unteren Rand der Seekarte, die Breite φ am seitlichen Rand.
Zur ganz genauen Angabe des Schiffsortes ist jeder Grad in 60 *Bogenminuten* (') und jede Minute in 60 *Bogensekunden* ('') eingeteilt. In der Navigationspraxis verwendet man aber nicht die Sekunden, sondern unterteilt die Minute im Dezimalsystem. Statt z.B. 40° 36' 30'' N sagt man dann: 40° 36,5' N.

Seekarte

Neben dem Kompass stellt der mitgeführte Satz von Seekarten das wichtigste Navigationsmittel an Bord dar. Eine Seekarte ist nach dem *Mercatorprinzip* (auf das wir hier aus Platzgründen nicht näher eingehen können) mit parallel verlaufenden Meridianen konstruiert und erfüllt folgende Navigationsansprüche: Die Kurslinie wird als Gerade eingetragen und nicht als Bogen (gemessen als Winkel zwischen der Mittschiffsachse und dem Ortsmeridian); die Seekarte ist winkeltreu und flächenähnlich, Entfernungen müssen leicht messbar sein (zu entnehmen mit dem Kartenzirkel am seitlichen Kartenrand). Die Seekarten sind je nach Maßstab eingeteilt in:

Ozeankarten in den Maßstäben 1:5 000 000 und kleiner: Sie stellen ein ganzes Meer als Gesamtübersicht dar.
Übersichtskarten (Übersegler) in den Maßstäben 1:1 600 000 und kleiner: Ebenso wie die Ozeankarten sind diese Übersichtskarten nur zum Entwurf einer Schiffsreise brauchbar und nicht zur genauen Navigation, da die Küsteneinzelheiten zu ungenau sind.
Segelkarten in den Maßstäben 1:300 000 und kleiner: Die einzelnen Küstenlinien und Meeresteile sind bereits genauer dargestellt, weshalb diese Karten der eigentlichen Schiffsführung über See dienen.
Küstenkarten in den Maßstäben 1:30 000 und kleiner: Kleinere Teile der Küsten und einzelne Reviere sind hier genau dargestellt. Solche Karten sind für den Küstenbereich obligatorisch.
Pläne in den Maßstäben 1:30 000 und größer: Solche Pläne (über Häfen, Buchten oder enge Fahrwasserstrecken) sind in der Regel auf einer eigenen Karte zusammengefasst (Plankarten) oder auch bei manchen Seekarten eingedruckt.
Herausgeber der Seekarten sind in erster Linie die Hydrographischen Ämter der einzelnen Staaten. Zuständig in der Bundesrepublik Deutschland ist *das Bundesamt für Seeschifffahrt und Hydrographie (BSH)* in Hamburg, über dessen Kartenausgaben man sich im *Verzeichnis der nautischen Karten und Bücher* informieren kann. Dort sind auch die Vertriebsstellen der Karten angegeben.

Ausschnitt aus der englischen Seekarte Nr. 206, Ionische Gewässer »Nísos Kerkira and Approaches«, Maßstab 1:150 000.

Rechte Seite: Beispiele aus der Karte 1 (INT 1) »Zeichen, Abkürzungen und Begriffe in deutschen Seekarten«.

Die Seekarten müssen sich unbedingt auf dem neuesten Stand befinden, d.h., sie müssen **berichtigt** sein. Angaben über noch beim Druck berücksichtigte *kleine Berichtigungen* oder über *handschriftliche Berichtigungen* findet man jeweils am linken unteren Kartenrand. Einen Vermerk über eine evtl. Neuausgabe einer Karte findet man am rechten unteren Rand.

Eine Seekarte ist mit einer Vielzahl verschiedener Zeichen und Abkürzungen versehen, mit deren Hilfe wir genaue Informationen erhalten über Grundbeschaffenheit, Untiefen, Tonnen, Wracks, Warngebiete, Leuchtfeuer, Küstengestaltung oder Landmarken. Zusammengestellt sind diese Abkürzungen und Zeichen in einer vom BSH herausgegebenen kleinen Broschüre, genannt **Karte 1 (INT 1)** *Zeichen, Abkürzungen und Begriffe in deutschen Seekarten*. Besonders typisch für die Seekarten und grundlegend wichtig für den Fahrtensegler sind die auf den Wasserflächen überall verteilten Zahlen für die **Tiefenangaben** und dazu die **Tiefenlinien**, die Orte gleicher Wassertiefe verbinden. Die Tiefenangaben werden durch rechtsliegende Zahlen dargestellt, und zwar von 0,1 bis 20,5 in Meter und Dezimeter und von 21 bis 30,5 auf Meter und halbe Meter angegeben. Die Tiefenangaben beziehen sich auf das *Kartennull* (KN), das nicht nur in den einzelnen Ländern, sondern bereits auch zwischen Nord- und Ostsee unterschiedlich festgelegt ist. In Gewässern ohne nennenswerte Gezeiten (Mittelmeer, Ostsee) geht man von einem Durchschnittswert aus, dem *mittleren Wasserstand*. Im Gezeitengewässer Nordsee ist als Kartennull das *mittlere Springniedrigwasser* gewählt, ein aus Sicherheitsgründen sehr niedriger Wasserstand, der bei Springzeiten entsteht. In Großbritannien, Frankreich, Norwegen, Spanien, Portugal und in Russland (Nordküste) ist das KN auf das *niedrigstmögliche Niedrigwasser* bezogen.

Flächen, die bei Gezeitenrevieren nicht ständig unter Wasser liegen und nur bei Hochwasser überflutet sind, tragen in deutschen Karten eine olivgrüne Farbe. Die **Höhenangaben** über Kartennull für trockenfallende Gebiete werden dabei in Meter und Dezimeter durch unterstrichene rechtsliegende Zahlen dargestellt. Für normale Höhenangaben verwenden die Seekarten stehende Zahlen.

Nautische Literatur

Neben der Seekarte dienen noch weitere nautische Veröffentlichungen der Navigation als Hilfe und Informationsquelle. Die meisten dieser Veröffentlichungen werden *vom Bundesamt für Seeschifffahrt und Hydrographie (BSH)* herausgegeben. Für den Bereich der Küstenfahrt handelt es sich um:

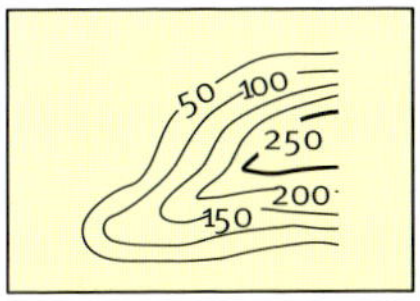

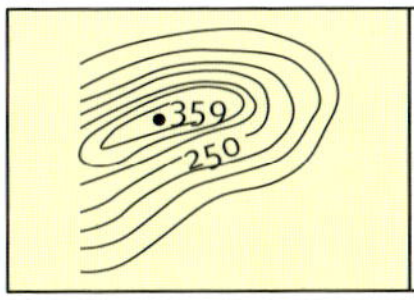

Höhenlinien mit Höhenpunkt
Contour lines with spot height

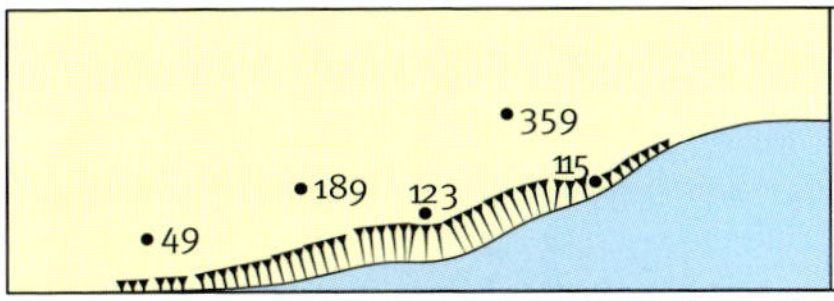

Höhenpunkte
Spot heights

Angenäherte Höhenlinien mit angenäherter Höhe
Approximate contour lines with approximate height

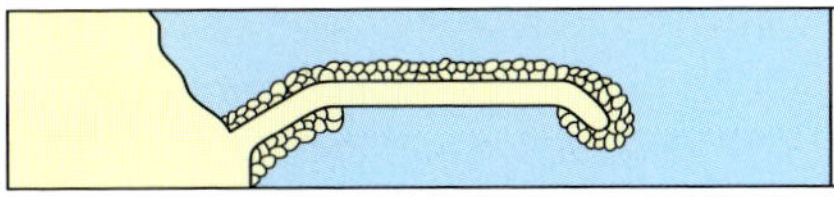

Mole, Hafendamm (mit Anlegemöglichkeit)
Mole (with berthing facility)

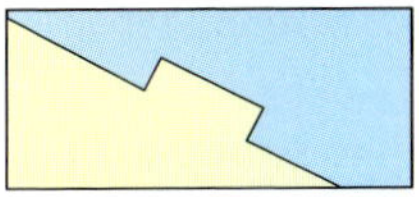

Kai, Ladeplatz, Anleger
Quay, Wharf

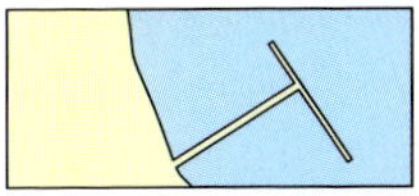
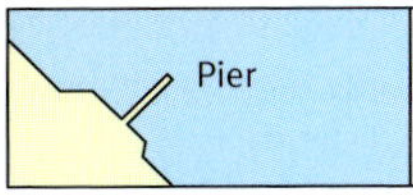

Kai, Landebrücke, Anleger
Pier, Jetty

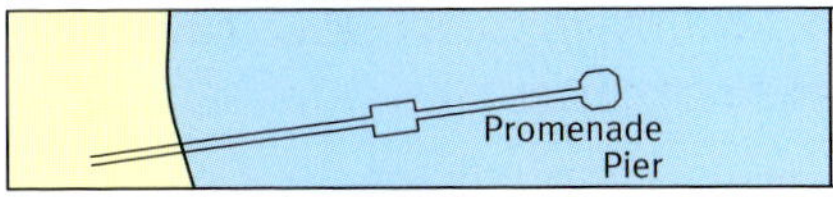

Seesteg
Promenade pier

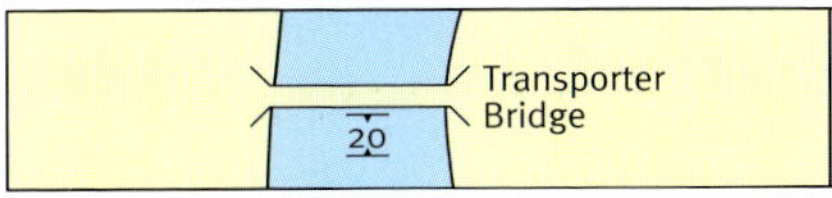

Schwebefähre mit Durchfahrtshöhe (bezogen auf die feste Brückenkonstruktion)
Transporter bridge with vertical clearance below fixed structure

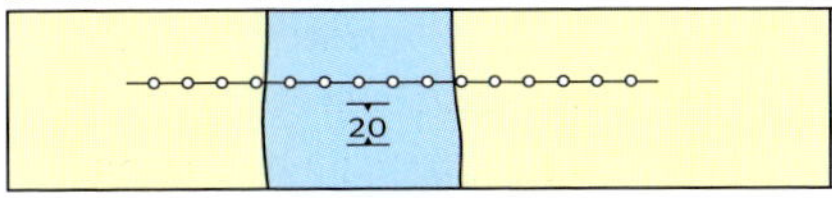

Förderanlage, Seilbahn mit Durchfahrtshöhe
Overhead transporter, Telepheric with vertical clearance

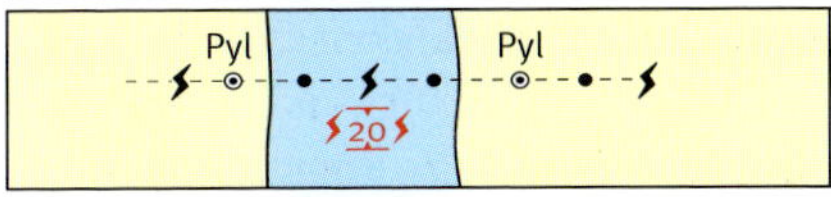

Hochspannungsleitung mit Masten und Sicherheits-Durchfahrtshöhe
Power transmission line with pylons and safe overhead clearance

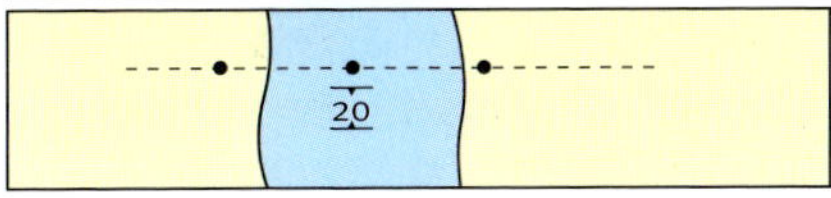

Überwasserkabel, Telefon-, Telegraphenleitung mit Durchfahrtshöhe
Overhead cable, Telephone line, Telegraph line with vertical clearance

Was ist das BSH? Vor 1990 Deutsches Hydrographisches Institut (DHI) genannt, ist das BSH eine Bundesoberbehörde mit Sitz in Hamburg im Geschäftsbereich des Verkehrsministeriums. Aufgaben: U. a. Forschungsförderung der Seeschifffahrt und Seefischerei, Prüfung nautischer Instrumente und Geräte, Regulierung von Magnetkompassen, Wahrnehmung nautischer und hydrographischer Dienste, Herstellung und Herausgabe amtlicher Seekarten und nautischer Veröffentlichungen, Verbreitung nautischer Warnnachrichten, Überwachung des Meerwassers.

Seehandbücher: Sie enthalten über die Seekarten hinausgehende Angaben, z. B. über Strömungen, Ansteuerungen, Fahrwasser, Ankerplätze usw.

Hafenhandbücher: Zur näheren Information über den Hafen. Das BSH gibt solche Bücher nicht heraus, sie stammen vielmehr von Privatautoren oder sehr häufig von der *Kreuzerabteilung* des DSV.

Yachtpilot des DSV: Enthält Informationen über den Yachtsport, z. B. über Seekarten und nautische Literatur, Sicherheit und Rettung, Seewetter, Schifffahrtsrecht, Zollvorschriften, Flaggenführung, Registrierung usw.

Leuchtfeuerverzeichnisse: Es handelt sich um Bücher, die den Standort, die Trag- und Sichtweite, die Kennung und Wiederkehr und die Sektoren der aufgeführten Leuchtfeuer enthalten. Deutsche Leuchtfeuerverzeichnisse gibt es nur für die Ostsee und für die östliche Nordsee. Für die übrigen Seegebiete muss man auf die britische *Lists of Lights* und für die Adria auf das *Leuchtfeuerverzeichnis Adria/Jonisches Meer* zurückgreifen.

Gezeitentafeln: Zum Navigieren in einem Gezeitenrevier benötigt man die einschlägigen Informationen. Jährliche Vorausberechnungen über die Hoch- und Niedrigwasser-Zeiten und -Höhen findet man z. B. in den *Gezeitentafeln* des BSH (siehe im Kapitel »Gezeiten«).

Nachrichten für Seefahrer (NfS): Ein vom BSH wöchentlich herausgegebenes Amtsblatt, das Berichtigungen und Korrekturen enthält hinsichtlich Betonnung, Befeuerung, Gefahrenzonen, Verordnungen usw. Die nautische Literatur ist entsprechend diesen Angaben zu korrigieren.

Nautischer Funkdienst (NF): Der dreibändige NF enthält alle für die Funknavigation erforderlichen Angaben. Band I befasst sich mit Funkverkehr, Band II mit Funkortung sowie Wetter- und Eisfunk und Band III mit Revierfunk. Ein speziell für den Yachtsport herausgegebener Auszug aus dem NF ist der jährlich erscheinende *Jachtfunkdienst Nord- und Ostsee* und *Jachtfunkdienst Mittelmeer.* Für die Sportschifffahrt reicht im Hinblick auf das Wetter von Nord- und Ostsee die als Sonderausgabe jährlich erscheinende Tafel *Wetter- und Warnfunk* aus.

Kompass

Unentbehrlicher Ausrüstungsgegenstand jeder Fahrtenyacht und wichtigstes Navigationsinstrument ist der *Steuerkompass.* Es handelt sich beim Yachtsport immer um einen Magnetkompass, dessen *Rose* im Kompasskessel durch eine Flüssigkeit gedämpft und damit vor unkontrollierten Schwingungen bei Wellengang geschützt ist. Diese Kompassart trägt den Namen *Schwimm-* oder *Fluidkompass.* Die modernen Yachtkompasse sind innenkardanisch aufgehängt und kugelförmig konstruiert, sodass die Rose mit dem Schwimmer stark ausschwingen kann. Die meist in Schwarz ausgeführte Kompassrose trägt die Gradeinteilung (meist in 5°-Teilung) von 0° bis 360°.

➤ 0° bzw. 360° = Nord, 090° = Ost, 180° = Süd, 270° = West.

Moderner Yacht-Kugelkompass mit innenkardanischer Aufhängung. Oben der Steuerstrich, der am Schiff immer exakt nach vorne zeigen muss.

Da Eisen und Gleichstrom den Kompass ablenken, ist bei der Aufstellung an Bord einiges zu berücksichtigen. Dazu führt die interessante Broschüre *Sicherheit im See- und Küstenbereich,* hrsg. vom Bundesamt für Seeschifffahrt und Hydrographie auf: »Der *Abstand* jeglichen magnetisierbaren Materials vom Magnetkompass muss *mindestens 1 Meter* betragen.

Der Abstand aller *beweglichen Stahlteile* vom Magnetkompass muss so groß sein, dass durch die Bewegung dieser Teile die Kompassanzeige auf keinem Kurs gestört wird. Bewegliche Teile, deren Abstand vom Magnetkompass *zeitweilig weniger als 1 Meter* beträgt (z. B. Segelbäume mit Beschlägen, Ruderpinne, Steuerrad, Motor-Fahrhebel), sollten aus nichtmagnetisierbarem Material hergestellt sein (z. B. Aluminium, Messing, Holz, GFK).

Auf stählernen Booten sollte der Kompass in der *Mittschiffslinie* aufgestellt werden.

Elektrische Geräte wie Umdrehungsanzeiger, Ruderlagenanzeiger, Scheibenwischer, Klarsichtscheiben, Lautsprecher, Funk- und Funkortungsgeräte, Echolote müssen so weit vom Kompass entfernt eingebaut oder aufgestellt werden, dass sie auf keinem Kurs – seien sie ein- oder ausgeschaltet – die Kompassanzeige stören.

Gleichstromführende Leitungen müssen so verlegt sein, dass die Hin- und Rückleitungen unmittelbar nebeneinander liegen. Die Leitungen für die Kompassbeleuchtung sollten in unmittelbarer Nähe des Magnetkompasses miteinander verbunden sein.

Will man *zwei Kompasse* aufstellen, so muss der Abstand voneinander so groß sein, dass sie sich weder direkt noch durch ihre Kompensiermittel gegenseitig beeinflussen.

Als *Reservekompass* wählt man zweckmäßigerweise den gleichen Typ.«

Der an Bord aufgestellte Kompass sollte von einem Fachmann reguliert *(= kom-*

pensiert) werden, um das schiffseigene Magnetfeld teilweise zu neutralisieren. Immer notwendig ist ein solches Kompensieren bei einer Stahlyacht wegen der starken Ablenkungen.
In größeren deutschen Häfen sind Kompensierungen möglich (Anschriften von Fachleuten sind beim BSH erhältlich), wobei die Yacht in törnklarem Zustand sein muss. Die nach dem Kompensieren verbliebenen Restablenkungen werden jeweils auf einer *Deviationstabelle* für die betreffende Yacht erfasst.
Im Zusammenhang mit dem Steuerkompass muss später noch von zwei Ablenkungserscheinungen gesprochen werden: der Missweisung (Mw) und der Deviation bzw. Ablenkung (Dev bzw. Abl).

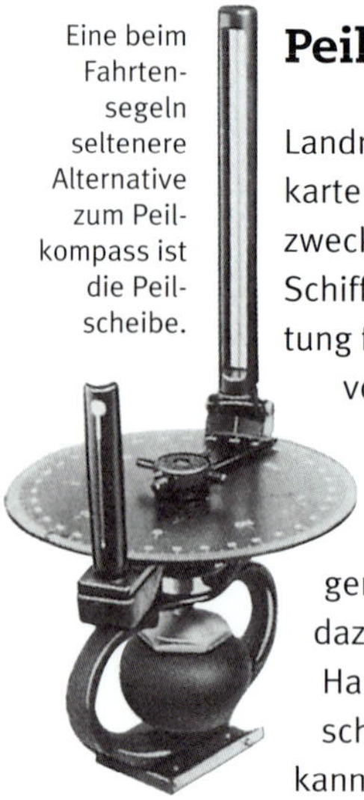

Eine beim Fahrtensegeln seltenere Alternative zum Peilkompass ist die Peilscheibe.

Peilgeräte

Landmarken, die auch in der Seekarte verzeichnet sind, kann man zwecks Kontrolle von Kurs und Schiffsort anpeilen und so die Richtung feststellen, in der das Peilobjekt vom Schiff aus gesehen wird. Dieses Peilen könnte mit dem Steuerkompass, sofern er einen Peilaufsatz besitzt, erfolgen. In der Praxis verwendet man dazu aber entweder einen eigenen Handpeilkompass oder eine Peilscheibe. Beim **Handpeilkompass** kann man zwischen verschiedenen Modellen wählen, meist ist er mit einem Handgriff und einem Peilvisier ausgerüstet. Dabei stellt man ein mittels Handschrauben drehbares, unter einer Kimme gelagertes Prisma so ein, dass im Spiegel auf dessen Rückseite die Gradzahlen abgelesen werden können. Beim Peilen selbst sollte man sich möglichst weit von ablenkenden Eisenteilen freihalten und darauf achten, dass der im Prisma enthaltene Ablesestrich jeweils in Verlängerung der Kimme liegt. Auf Stahlschiffen ist der Gebrauch eines Handpeilkompasses problematisch.
Bei der **Peilscheibe** handelt es sich um einen kardanisch aufgehängten Vollkreis-Winkelmesser mit Peilvorrichtung. Die Nullrichtung der Peilscheibe muss genau in Kielrichtung liegen, man misst dann den Winkel zwischen der Kiellinie und dem Peilobjekt und erhält eine *Seitenpeilung,* die anschließend in eine *rechtweisende Peilung* verwandelt werden muss (siehe bei »Schiffsortbestimmung durch Peilen«).

Log, Fahrt, Distanz

Zur Geschwindigkeitsmessung bzw. zur Feststellung der zurückgelegten Distanz dient das *Log* oder die *Logge* (das Messen selbst heißt *loggen).* Wichtig zu wissen ist, dass nur die *Fahrt durchs Wasser* gemessen werden kann, also die Fahrt, die das Boot als Eigenfahrt im Wasser besitzt.

Bekannt ist das *Schlepp-* oder *Patentlog,* das aus einer sehr langen geflochtenen Leine mit einem Propeller und einer am Heck angebrachten Zähluhr besteht. Abgelesen werden die zurückgelegten Seemeilen, d. h., es wird nicht die Geschwindigkeit angezeigt, sondern die zurückgelegte Distanz. Bei modernen, direkt am Bootsrumpf befestigten *Yachtlogs (Speedometer)* wird meist die Geschwindigkeit (in Knoten) selbst angegeben, oft aber auch Geschwindigkeit und Distanz.

Die Entfernungen zwischen zwei Orten werden in der Seefahrt nicht in Metern gemessen, sondern in *Seemeilen.* Eine Seemeile (sm) ist 1852 Meter lang. Legt eine Yacht nun in einer Stunde eine Seemeile zurück, so beträgt die Fahrt einen *Knoten* (kn).

Mithilfe einfacher Formeln kann man jeweils die Zeit, die Fahrt oder die Distanz ermitteln:

1. Zur Ermittlung der Zeit bei bekannter Distanz und Fahrt rechnet man:

$$\textbf{Zeit (min)} = \frac{\text{Distanz (sm)} \times 60}{\text{Fahrt (kn)}}$$

2. Zur Ermittlung der Fahrt bei bekannter Distanz und Zeit rechnet man:

$$\textbf{Fahrt (kn)} = \frac{\text{Distanz (sm)} \times 60}{\text{Zeit (min)}}$$

3. Zur Ermittlung der Distanz bei bekannter Fahrt und Zeit rechnet man:

$$\textbf{Distanz (sm)} = \frac{\text{Fahrt (kn)} \times \text{Zeit (min)}}{60}$$

Befindet sich kein Log an Bord, so kann man sich mit dem Verfahren des **Relingslogs** behelfen, das besonders gut bei langsamen Geschwindigkeiten wirkt. Man benötigt zu diesem einfachen Verfahren eine Stoppuhr, einen geeigneten Gegenstand (z. B. Holzstückchen) zum Überbordwerfen und dazu eine an der Reling beidseitig abgemessene Strecke. Bei dieser Strecke arbeitet man mit dem Maß der *Meridiantertie* (= 0,514 Meter, errechnet aus: 1852 m : 3600), wobei die abgemessene Strecke mindestens 10 Meridiantertien umfassen sollte, also 5,14 Meter. Zur Ermittlung der Geschwindigkeit wirft man nun einen Gegenstand über Bord und stoppt die Passierzeit zwischen den beiden Markierungen der Strecke. Die Fahrt in kn ergibt sich dann nach folgender Formel:

$$\textbf{Fahrt F (kn)} = \frac{\text{Anzahl der Meridiantertien}}{\text{Durchlaufzeit (s)}}$$

Beispiel: 12 Meridiantertien, Durchlaufzeit = 3 s

$$\textbf{F} = \frac{12}{3} = 4\text{ kn}$$

Da eine Meridiantertie etwa einem halben Meter und zwei Meridiantertien etwa einem Meter entsprechen, rechnet man in der Praxis einfacher:

$$\textbf{F} = \frac{\text{abgemessene Strecke in m} \times 2}{\text{Durchlaufzeit}}$$

Ein Beispiel: Eine Yacht läuft 6 kn und hat noch eine Strecke von 19 sm vor sich. Wie lange wird sie noch brauchen?

$$t\text{ (min)} = \frac{19 \times 60}{6} = 190\text{ min} = 3\text{ h}, 10\text{ min.}$$

Lot

Das Lot ist ein wichtiges Hilfsmittel zum Messen der Wassertiefe. Zum Ankern ist es unentbehrlich, dazu erhöht es durch regelmäßigen Gebrauch die Sicherheit im nahen Küstenbereich. Es dient aber auch speziell der Navigation, als Kontrolle für einen ermittelten Schiffsort. Wir unterscheiden zwischen *Handlot* und dem modernen *Echolot*. Obwohl ein Echolot von einer Fahrtenyacht heute nicht mehr wegzudenken ist, spielt auch noch das Handlot als Ersatz eine Rolle. Das **Handlot** besteht aus einem 3 bis 5 Kilogramm schweren Bleikörper, der an einer ca. 25 bis 40 Meter langen, markierten *Lotleine* auf den Grund hinabgelassen wird. Steht die Leine senkrecht, kann man an der entsprechenden Marke die Wassertiefe ablesen. Im Gegensatz zum Echolot kann man mit dem Handlot Hinweise auf die Grundbeschaffenheit bekommen. Der Bleikörper ist nämlich unten mit einer Vertiefung versehen, in die man die *Lotspeise* presst, das ist weicher Talg, ersatzweise auch Maschinenfett oder Kaugummi. Bei Grundberührung bleiben dann Spuren von Lehm, Sand, Schlick oder Ähnlichem hängen, die durch Vergleich mit der Grundbeschreibung in der Seekarte Aufschlüsse über den Schiffsort geben können. Unersetzlich ist das Handlot, wenn man mal außerhalb der Yacht, also vom Beiboot aus, loten muss, z. B. um die Passage zu einem engen Ankerplatz zu finden. Beim **Echolot** handelt es sich um ein Sende- und Empfangsgerät, das ein Ultraschallsignal in Richtung Meeresboden aussendet und die Zeit misst, bis der Impuls als Echo zurückkommt. Auf einer Skala des Geräts oder einem Display kann man dann die Wassertiefe direkt ablesen. Der Handel bietet eine Fülle von unterschiedlichen Geräten an.

Beim Loten mit dem Handlot wirft eine Person vom Vorschiff aus bei langsamer Fahrt den Bleikörper voraus ins Wasser, holt die Leine steif und liest die Meterzahl ab, wenn die Leine senkrecht steht. Gelotet wird immer auf der Luvseite, damit man nicht über die Lotleine treibt.

Leuchtfeuer

Die Leuchtfeuer gehören zu den wichtigsten Navigationshilfen für die Nachtfahrt in Küstennähe. Sie dienen nicht nur als Warnung vor Gefahren und Untiefen, sondern sie ermöglichen im Zusammenhang mit der Seekarte zuverlässige Ortsbestimmungen.

Kennung

Jedes Leuchtfeuer hat eine eigene *Kennung,* d. h. eine typische Art im Hinblick auf seine Lichterscheinungen und Farben. Wir unterscheiden (in Klammern zuerst die internationale, dann die nationale Abkürzung):

➤ **Festfeuer (F/F.):** Ununterbrochen scheinendes weißes oder farbiges Licht von gleich bleibender Stärke und Farbe.

➤ **Unterbrochenes Feuer (Oc/Ubr.):** Weiße oder farbige *Scheine* zwischen Verdunkelungen (= Unterbrechungen). Dabei gibt es Feuer mit Einzelunterbrechungen und solche mit Gruppen von zwei, drei oder vier Unterbrechungen. Ein *Schein* dauert jeweils länger als die Dunkelphase.

➤ **Gleichtaktfeuer (Iso/Glt.):** Weiße oder farbige *Scheine* mit Unterbrechung (Verdunkelung) von gleicher Zeitdauer.

➤ **Blinkfeuer (LFl/Blk.):** Weiße oder farbige *Blinke* (einzeln oder in Gruppen von zwei, drei, vier Blinken). Ein *Blink* dauert mindestens zwei Sekunden, die Verdunkelung grundsätzlich länger.

Ein Leuchtturm stellt auch tagsüber einen markanten Orientierungspunkt zum Anpeilen dar. Nachts ist er mit seinem Feuer eine unersetzliche Navigationshilfe.

➤ **Blitzfeuer (Fl/Blz.):** Weiße oder farbige *Blitze* (einzeln oder in Gruppen von zwei, drei, vier Blitzen). Ein *Blitz* dauert weniger als zwei Sekunden.

➤ **Funkelfeuer (Q/Fkl.):** Schnell aufeinanderfolgende weiße oder farbige Lichterscheinungen. Es gibt Funkelfeuer mit dauerndem *Funkeln* (60/min), unterbrochenes Funkelfeuer (IQ/Fkl.-unt.) und Funkelfeuer mit Gruppen von z. B. drei Funkeln (Q (3)/Fkl.(3)).

➤ **Schnelles Funkelfeuer (VQ/SFkl.):** Die weißen oder farbigen Lichterscheinungen folgen sehr schnell aufeinander. Es gibt schnelles Funkelfeuer mit dauernden *schnellen Funkeln* (100–120/min) und solches mit Gruppen von z. B. drei schnellen Funkeln (VQ(3)/SFkl.(3)).

Ein Leuchtfeuer kann anhand seiner *Kennung* (seiner typischen Art zu leuchten) eindeutig identifiziert werden.

Beispiele für Leuchtfeuer	**Darstellung in der Seekarte**
F. rot 	F.R F.r. 
Ubr. mit Einzelunterbrechungen grün  Wiederkehr	Oc.G Ubr.gn 
Glt. weiß  Wiederkehr	ISO Glt. 
Blk. mit Gruppen von 3 Blinken rot  Wiederkehr	LFl (3)R Blk. (3)r. 
Blz. mit Gruppen von 2 Blitzen grün  Wiederkehr	Fl (2)G Blz. (2)gn. 
Unterbrochenes Fkl. rot  Wiederkehr	IQ.R Fkl.unt.r. 
SFkl. rot 	VQ.R SFkl. 

Wiederkehr

Um die *Kennung* eines Feuers genau ausmachen zu können, muss durch Auszählen (besser mit Stoppuhr) die *Wiederkehr* (in Sekunden) festgestellt werden. Bei dieser Wiederkehr handelt es sich um die Dauer des ganzen Signals vom Eintritt einer bestimmten Taktkennung bis (einschließlich der Verdunkelung) zum Wiedereintritt der nächsten gleichen Taktkennung.

Tragweite und Sichtweite

Bei der *Tragweite* handelt es sich um den Abstand, in dem das Feuer bei gutem Sichtigkeitsgrad der Luft gerade noch sichtbar ist. Sie hängt ab von der Lichtstärke des Leuchtfeuers. Die Tragweite, die für einen mittleren Sichtigkeitsgrad der Luft ermittelt und angegeben wird, heißt *Nenntragweite*. *Sichtweite* bedeutet der Abstand, in dem das Feuer für einen Beobachter aus einer bestimmten Augenhöhe gerade

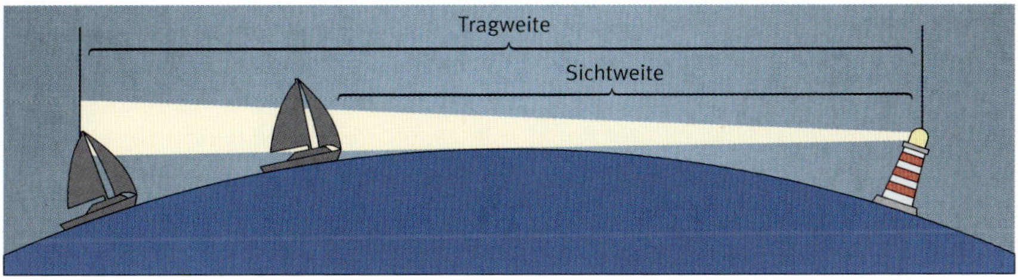

Die Sichtweite eines Leuchtfeuers ist in der Regel kleiner als seine Tragweite.

noch »in der Kimm« sichtbar ist. Im Leuchtfeuerverzeichnis wird die Sichtweite für eine *Augenhöhe* von fünf Metern angegeben, wobei sie von der Höhe des Leuchtfeuers abhängig ist.

Bei den Leuchtfeuern, die speziell dem Manövrieren in engen Fahrwassern dienen, unterscheiden wir folgende Arten:

➤ **Leitfeuer (Dir/Lt-F.):** Es besteht aus einem vorzugsweise weißen Leitsektor mit Warnsektoren an den beiden Seiten (z. B. grünes Festfeuer an Stb-Seite von See kommend und rotes Festfeuer an Bb-Seite). Steuert man mit Hilfe eines Leitfeuers, so muss man weißes Festlicht im Blick haben. Wegen des evtl. Gegenverkehrs ist im Leitsektor aus Sicherheitsgründen immer auf der rechten Seite zu fahren.

➤ **Richtfeuer (Ldg/Rcht-F.):** Zwei in bestimmtem Abstand und in verschiedener Höhe hintereinander aufgestellte Feuer (*Ober-* und *Unterfeuer)*, die in Deckung gebracht (*Feuer in Linie)* die Fahrwassermitte kennzeichnen. Jede Kursabweichung nach einer Seite ist sofort am »Öffnen« der Feuer erkennbar. Man sollte wegen evtl. Gegenverkehrs möglichst

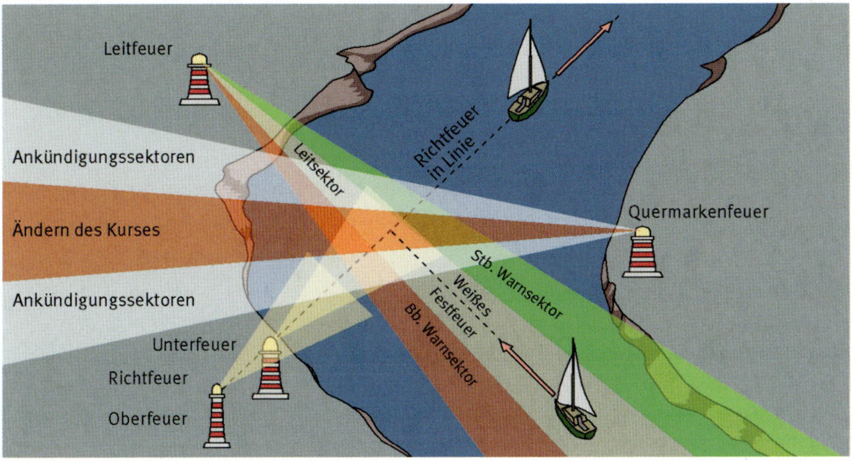

Verschiedene Leuchtfeuer zum Manövrieren in engen Fahrwassern.

nicht genau auf der Linie fahren, sondern etwas nach Stb »offen« (Oberfeuer etwas nach Stb ausgewandert).

➤ **Quermarkenfeuer (Qm-F.):** Der Punkt einer notwendigen Kursänderung, z. B. bei einer Fahrwasserkrümmung, kann im Hinblick auf ein neues Leitfeuer durch einen quer zum Kurs strahlenden Sektor eines Quermarkenfeuers angegeben werden. Der rote oder grüne Kursänderungssektor wird meist durch zwei weiße Ankündigungssektoren flankiert.

Zu erwähnen wären noch *Torfeuer* als Begrenzung eines zu passierenden Tores und die *Hafenfeuer* direkt an Hafeneinfahrten (grün auf Stb und rot auf Bb, von einem einlaufenden Schiff aus gesehen). Wenn auch in den Seekarten die Kennung, Wiederkehr, Nenntragweite oder Bezeichnung, wie LFl(3)R angegeben ist, so muss trotzdem das Leuchfeuerverzeichnis mitgeführt werden, da dort nähere Informationen enthalten sind.

Landmarken, Seezeichen, Betonnungssystem

Seezeichen und Landmarken sind für einen Fahrtensegler im Küstenbereich die besten Navigationshilfen bei Tage. Sie sind auch in der Seekarte dargestellt und ermöglichen somit die genaue Orientierung und Ortsbestimmung. Man unterscheidet:

➤ *Natürliche Landmarken* (z. B. markante Hügel, Kirchtürme, Mühlen, allein stehende Bäume, Funkmasten).

➤ *Feste Seezeichen* (Leuchttürme, Dalben = mehrere Pfähle, Baken = Gitter- oder Gerüstkonstruktion, Stangen, Pricken = junge Bäume mit Ästen).

➤ *Schwimmende Seezeichen* (Baken-, Spitz-, Spieren-, Stumpf-, Fass- und Kugeltonnen, Klotzbojen, Leuchttonnen).

Zur speziellen Kennzeichnung oder Unterscheidung dienen bei den Seezeichen die *Toppzeichen,* das sind gegebenenfalls oben angebrachte Signalkörper in Form von Bällen, Zylindern, Kegeln, Doppelkegeln oder Kreuzen.
Fahrwasser im Küstenbereich werden nach einem eigenen **Betonnungssystem** *(Betonnungssystem »A«)* gekennzeichnet. Man unterscheidet dabei *laterale Zeichen* (Seitenbezeichnung), *Mitte-Fahrwasser-Zeichen, Kardinale Zeichen* (Richtungsbezeichnung), *Einzelgefahr-Zeichen, Sonderzeichen* und *Zeichen für Sperrgebiete.*

Laterale Zeichen

Diese Zeichen dienen der Seitenbezeichnung eines Fahrwassers, also der Backbordseite und der Steuerbordseite.

Im Allgemeinen hat ein von See kommendes Fahrzeug die rechte Seite (= die Steuerbordseite) des Fahrwassers an seiner rechten Seite (= Steuerbordseite).

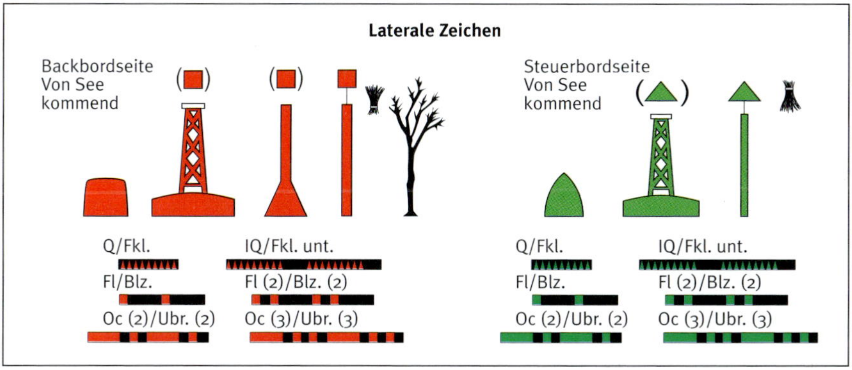

Seitenbezeichnung des Fahrwassers.

Die **Backbordseite** des Fahrwassers ist gekennzeichnet durch:

➤ *Rote* Stumpf-, Leucht- oder Spierentonnen, gegebenenfalls mit einem *roten Zylinder* als Toppzeichen. Im Watt auch Stangen mit aufwärtsgerichtetem Besen oder Pricken.

Die **Steuerbordseite** ist gekennzeichnet durch:

➤ *Grüne* Spitz- oder Leuchttonnen, gegebenenfalls mit einem *grünen Kegel* (Spitze oben) als Toppzeichen. Im Watt auch Stangen mit Toppzeichen oder abwärtsgerichtetem Besen.

Sind die Zeichen nummeriert, tragen sie an der Stb-Seite eines Fahrwassers, von See beginnend, fortlaufende ungerade, an der Bb-Seite gerade Ziffern.
Bei abzweigenden und einmündenden Fahrwassern sind die grünen Steuerbordtonnen mit einem waagerechten roten Band, die roten Backbordtonnen mit einem grünen Band versehen.

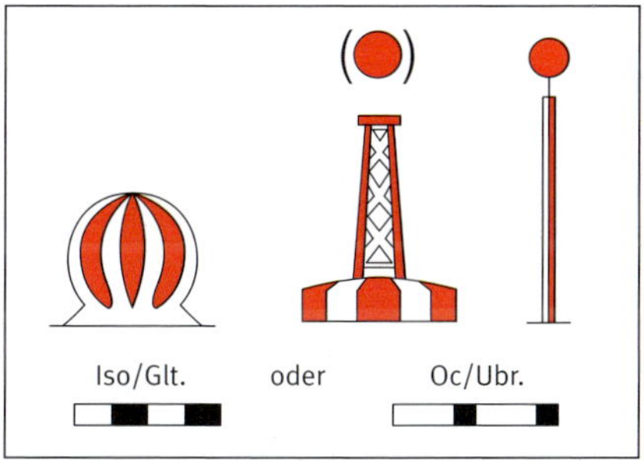

Kennzeichnung der Fahrwassermitte.

Mitte-Fahrwasser-Zeichen

Sie bezeichnen die Mitte eines Fahrwassers, zudem können sie als Ansteuerungszeichen ausliegen. Es handelt sich um *rot-weiß* senkrecht gestreifte Kugel-, Leucht-, Spierentonnen oder Stangen (Stangen evtl. auch ohne Farbe), gegebenenfalls mit einem *roten Ball* als Toppzeichen (bei Spierentonne und Stange immer Toppzeichen!).

Kardinale Zeichen

Diese Zeichen markieren *allgemeine Gefahrenstellen,* z. B. Untiefen, Wracks oder sonstige Hindernisse. Sie werden

Diese grüne Leuchttonne hat mich mal begeistert: Nach 25 Tagen auf dem Atlantik zeigte uns diese Fahrwassertonne an, dass unser Ziel Cuxhaven naht.

Diese Tonne zeigt an, dass es sich um ein abzweigendes bzw. einmündendes Fahrwasser handelt.

in Verbindung mit den Kompassrichtungen verwendet und geben an, in welcher Richtung, von der Gefahrenstelle her gesehen, die günstigste Passierseite liegt. Das Gebiet um die Gefahrenstelle ist dazu in vier Quadranten aufgeteilt, und die Betonnung erfolgt nördlich, östlich, südlich oder westlich dieser Stelle. Die Zeichen sind in *schwarze* und *gelbe* Felder unterteilt und tragen verschieden angeordnete, schwarze *Doppelkegel* als Toppzeichen. Das genaue Aussehen:

Norden: Schwarz über gelb, beide Spitzen oben.

Osten: Schwarz-gelb-schwarz, Spitzen auseinander.

Gefahrenstelle: Die Spitzen des Toppzeichens bedeuten, das die Gefahrenstelle nördlich davon liegt, die Passierseite also in Kompassrichtung zwischen Südwest und Südost ist.

Kennung:
VQ/SFkl. oder Q/Fkl.

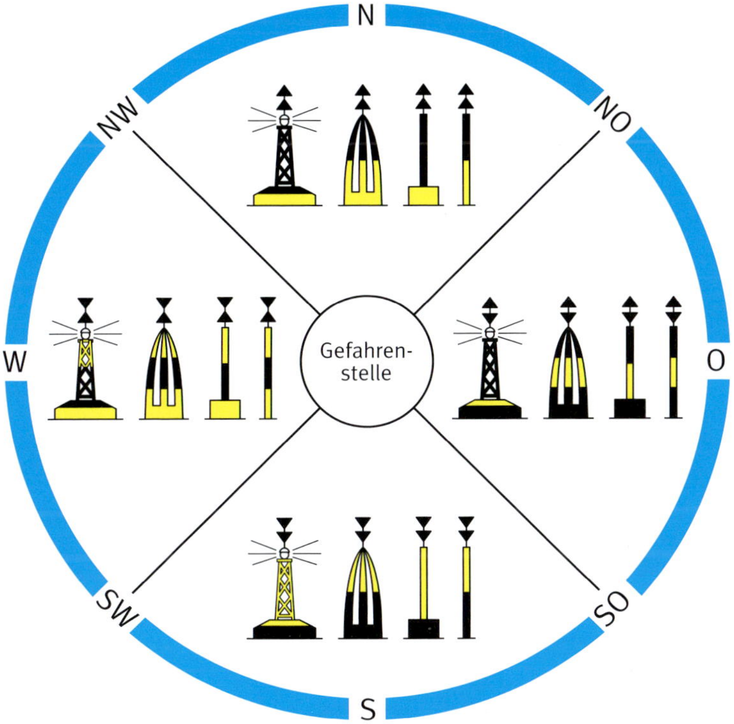

Kennung:
VQ (9)/SFkl. (9) oder Q (9)/Fkl. (9)

Kennung:
VQ (3)/SFkl. (3) oder Q (3)/Fkl. (3)

Kennung:
VQ (6) + LFl/SFkl. (6) + Blk. oder Q (6) + LFl/Fkl. (6) + Blk.

Kardinale Zeichen weisen auf eine Gefahrenstelle hin und geben ihre Position an.

Süden: Gelb über schwarz, beide Spitzen unten.
Westen: Gelb-schwarz-gelb, Spitzen zueinander.

Merkregel:
Den Tonnenanstrich kann man sich an Hand der Spitzen der Toppzeichen merken: Die Spitzen zeigen immer zum Schwarz.

Einzelgefahr-Zeichen

Auf eine Gefahrenstelle, die eine geringere Ausdehnung hat und an allen Seiten passiert werden kann, wird mit einem solchen Einzelgefahr-Zeichen aufmerksam gemacht. Es handelt sich um *schwarze* Leucht-, Baken-, Spierentonnen oder Stangen mit einem breiten waagerechten, *roten Band.* Toppzeichen: *zwei schwarze Bälle* übereinander.

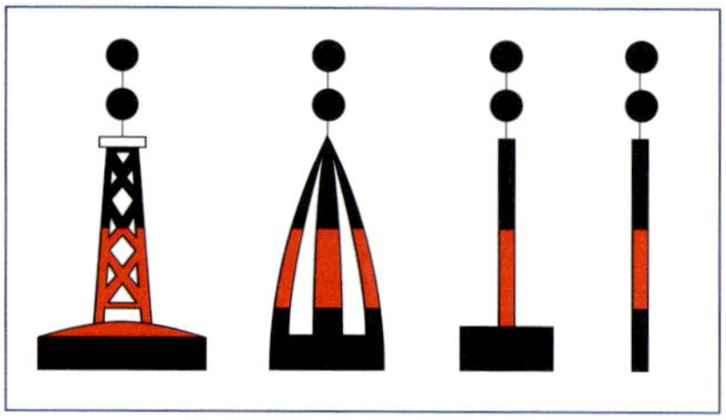

Kennzeichnung einer Einzelgefahrenstelle.

Bei *neuen Gefahrenstellen* verwendet man wegen der besonderen Umstände ein solches Zeichen (bzw. auch ein kardinales Zeichen) jeweils doppelt.

Sonderzeichen

Sonderzeichen dienen als Markierung besonderer Gebiete oder Stellen (z. B. militärische Übungsgebiete, Baggerschüttstellen, Rohrleitungen). Es handelt sich um *gelbe* Fass-, Leucht-, Spierentonnen oder Stangen, gegebenenfalls mit einem *gelben liegenden Kreuz* als Toppzeichen.

Zeichen für Sperrgebiete

Die Grenzen von Sperrgebieten (militärisch oder zivil) werden durch folgende Tonnen mit der schwarzen Aufschrift »Sperrgebiet« oder »Sperr-G.« bezeichnet:

Gelbe Fass- oder Leuchttonnen mit einem – von oben gesehen – rechtwinkligen *roten Kreuz,* oder Stangen mit einem breiten *roten Band.* Gegebenenfalls Toppzeichen (bei Stangen immer): *gelbes liegendes Kreuz.*

Kursdreieck und Zirkel

Zur eigentlichen Navigationsarbeit in der Seekarte benötigen wir ein *Kursdreieck* und einen *Kartenzirkel.* Zum Verschieben des Kursdreiecks dient noch ein Anlegedreieck; Bleistift und Radiergummi brauchen wir zum Einzeichnen und Ausradieren der Kurs- und Peillinien.
Das durchsichtige Kursdreieck trägt eine Gradeinteilung von 0° bis 180° und 180° bis 360°, es wird immer so angelegt, dass die Gradzahlen nicht auf dem Kopf stehen. Mit dem genannten Handwerkszeug sind nun folgende Aufgaben beim Navigieren zu leisten.

1. Arbeiten mit der Breite und Länge eines gegebenen Ortes

Die Breite eines Ortes entnimmt man dem seitlichen, die Länge dem unteren

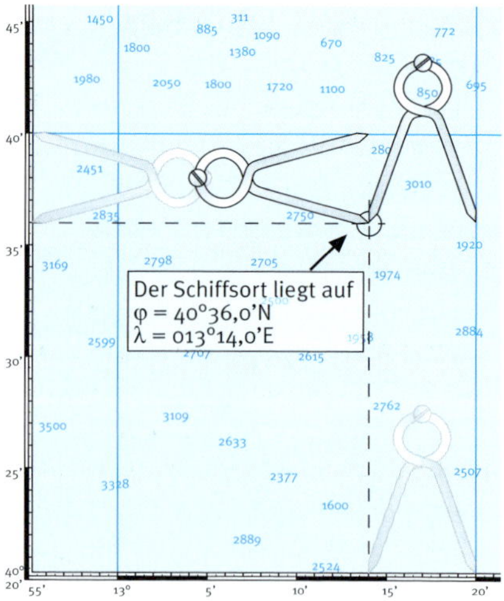

Entnehmen von Breite und Länge mit Hilfe des Zirkels.

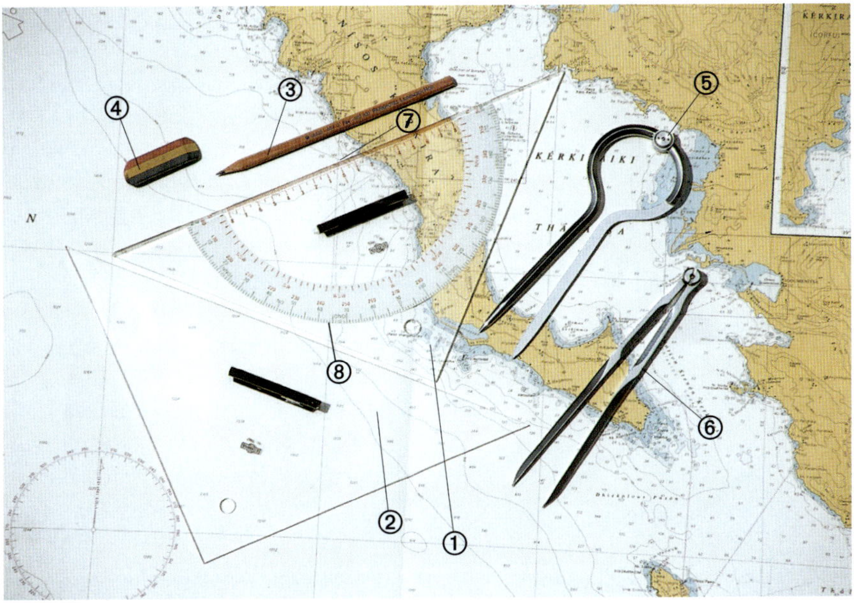

Das Handwerkszeug für die Navigationsarbeit: 1 = Kursdreieck, 2 = Anlegedreieck, 3 = Bleistift, 4 = Radiergummi, 5 und 6 = Kartenzirkel (man benutzt einen von beiden: entweder 5 = englischer Einhandzirkel oder 6 = Marinezirkel). Hier liegt der Anlegepunkt des Kursdreiecks gerade auf einem Meridian (7), die bei 8 abzulesende Gradzahl ist 064° bzw. 244°.

oder oberen Kartenrand. Zum Ablesen der Position muss jeweils die Senkrechte gezogen werden, der Schnittpunkt ist der Ort. In der Praxis benutzt man den Zirkel: Man misst den Abstand zum nächstgelegenen Breitenkreis oder Meridian und trägt diesen Abstand dann am seitlichen bzw. oberen/unteren Kartenrand ab.

2. Kurs absetzen

Will man von einem Ausgangsort A zu einem Zielort B segeln, so legt man das Kursdreieck mit seiner Hypotenuse an die beiden Punkte an und verschiebt es mit Hilfe des Anlegedreiecks so weit zum nächsten Meridian, bis der Anlegepunkt des Kursdreiecks in der Mitte der Hypotenuse auf dem Meridian liegt.

Auf der Gradskala wird dann am Meridian der auf die Karte bezogene Kurs abgelesen (je nach Kursrichtung an der richtigen Skala!).

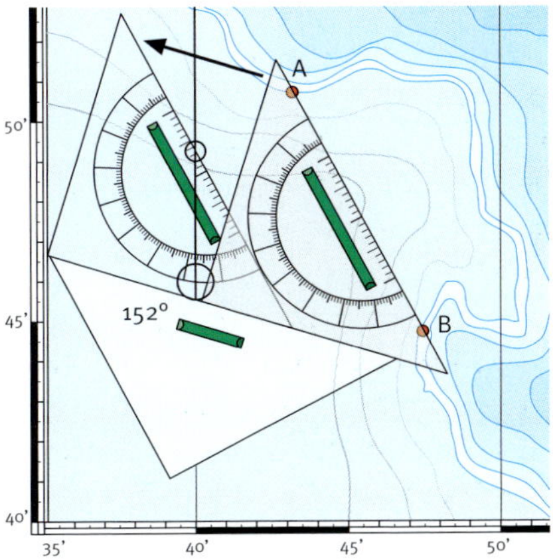

Kurs absetzen. Das Ablesen der Gradzahl am Meridian muss, je nach Kursrichtung, an der richtigen Skala erfolgen.

3. Ermitteln, wohin ein auf dem Kompass gesteuerter Kurs zielt

Segelt man ausgehend von einem Standort A einen bestimmten Kurs nach dem Kompass, so kann man den Ort, wohin dieser Kurs führen würde, mit Hilfe des Kursdreiecks ermitteln. Man rechnet den Kompasskurs zunächst in den Kartenkurs um (siehe bei »Kursverwandlung«) und legt dann das Kursdreieck so auf die Karte, dass sich Gradzahl und Anlegepunkt mit dem dem Ausgangsort nächstgelegenen Meridian decken. Anschließend wird das Dreieck so parallel verschoben, dass seine Hypotenuse den Ausgangsort schneidet. Die betreffende Kurslinie liegt entlang der Hypotenuse.

Ermittlung des Zieles eines Kompasskurses.

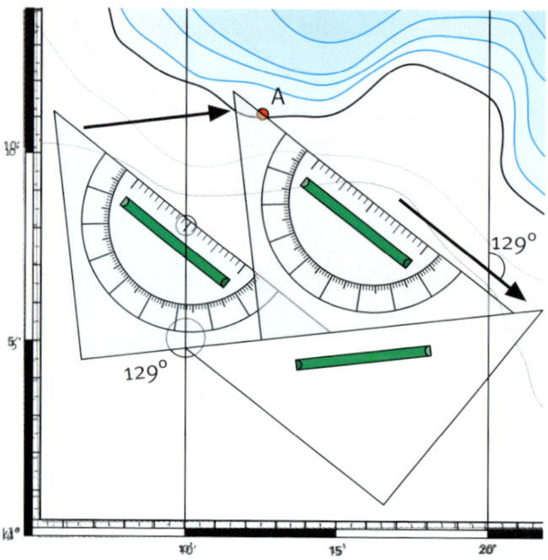

Ermittlung von Entfernungen mit einem Kartenzirkel.

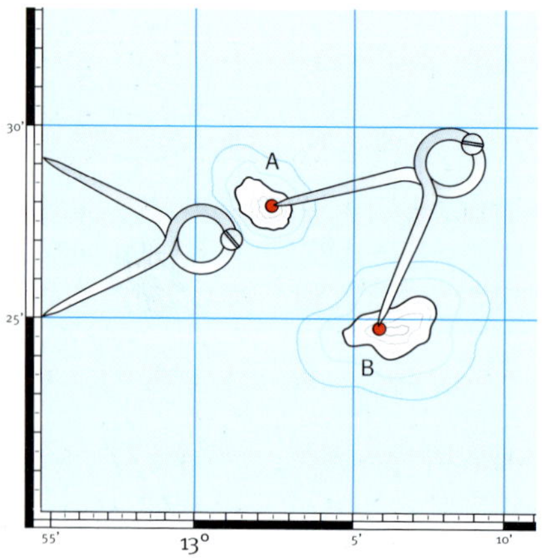

4. Eintragung von Peilungen bzw. Standlinien

Ermittelte Peilungen trägt man in gleicher Weise, wie in Punkt 3 beschrieben, ein: Gradzahl an den nächsten Meridian anlegen, Hypotenuse durch den angepeilten Ort parallelverschieben, Strich an der Hypotenuse ist die Standlinie.

5. Entnehmen von Distanzen

Distanzen werden immer mit dem Kartenzirkel abgegriffen, am seitlichen (nicht oberen oder unteren!) Kartenrand werden dann die entsprechenden Seemeilen abgelesen.

Kursverwandlung

Haben wir in der Seekarte einen Kurs zu einem bestimmten Ziel hin abgesetzt, so können wir leider die abgelesene Kurs-Gradzahl noch nicht am Kompass steuern. Wir haben zuerst noch eine Rechenaufgabe zu meistern, denn die *Missweisung* und die *Deviation (Ablenkung)* sind zu berücksichtigen.

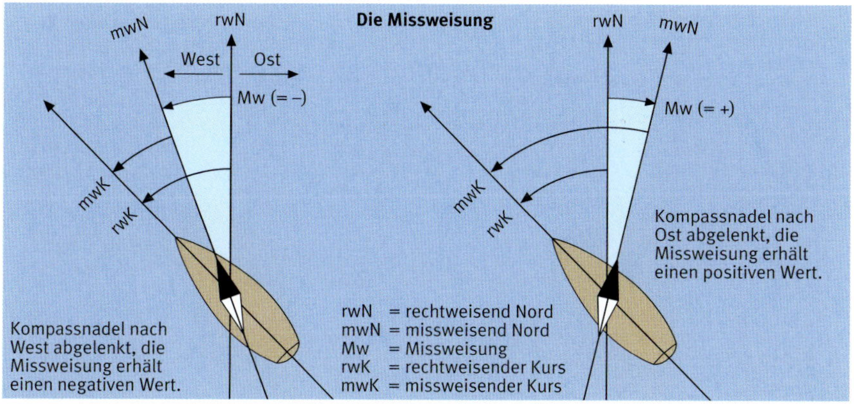

Die Abweichung der Kompassnadel von geographisch Nord ist die Missweisung.

Missweisung

Die Kompassrose zeigt in Richtung des Erdmagnetfeldes, dessen magnetische Pole nicht mit den geographischen Polen zusammenfallen. Wir haben es also mit zwei verschiedenen Nordrichtungen zu tun: mit dem von den Meridianen in der Seekarte vorgegebenen *rechtweisenden Nord* (rwN) und dem vom Kompass angezeigten *missweisenden Nord* (mwN). Der Winkelunterschied zwischen rwN und mwN ist die *Missweisung* (Mw). Die Mw ist auf den verschiedenen Punkten der Erde unterschiedlich groß, sie ändert sich auch mit der Zeit. Die Missweisungswerte entnimmt man jeweils der in der Seekarte eingedruckten *Missweisungsrose*.

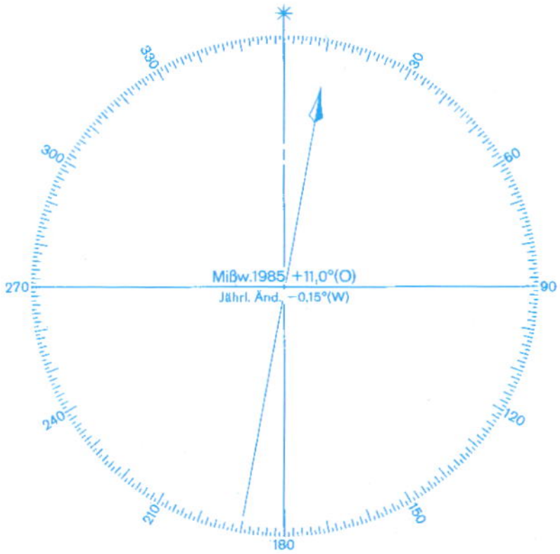

Beispiel einer Missweisungsrose.

Deviation/Ablenkung

Bedingt durch die Eisenteile auf der Yacht wird der Kompass evtl. nochmal abgelenkt, es bleibt nicht bei *missweisend Nord,* sondern jetzt ergibt sich *Kompass-Nord*. Diese Magnetkompassablenkung (Abl) wird auch *Deviation* (Dev) genannt und ist der Winkel zwischen missweisend Nord und Kompass-Nord. Im Gegensatz zur Missweisung, die immer der Missweisungsrose der Seekarte entnommen werden kann und am betreffenden Ort für jedes Schiff und jeden Kurs gleich groß ist, ändert sich die Deviation von Kurs zu Kurs. Sie ist auch für jedes Schiff verschieden, da die

Die Deviation (Dev) oder Magnetkompassablenkung (Abl) ist der Winkel zwischen missweisend Nord und Kompass Nord.

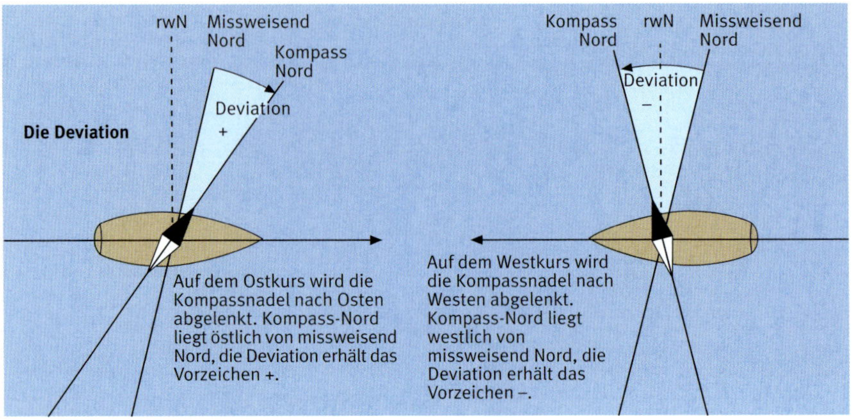

Ablenkungstafel		Steuertafel	
MgK	**Dev**	**mwK**	**Dev**
000°	–1	000°	–1
010°	+2	010°	+2
020°	+4	020°	+3
030°	+6	030°	+5
040°	+8	040°	+7
050°	+9	050°	+8
060°	+10	060°	+9
070°	+11	070°	+10
080°	+12	080°	+11
090°	+12	090°	+12
100°	+12	100°	+12
110°	+11	110°	+12
120°	+10	120°	+11
130°	+9	130°	+10
140°	+8	140°	+9
150°	+7	150°	+8
160°	+4	160°	+5
170°	+3	170°	+3
180°	±0	180°	±0
usw. bis 360°			

Beispiel einer Deviationstabelle

ablenkenden Eisenteile auf jedem Schiff anders verteilt sind.

Die Deviationswerte entnimmt man einer für die Yacht erstellten *Deviationstabelle,* in der jeweils von 10° zu 10° die dazugehörigen Ablenkungswerte erfasst sind. Erreichen die Werte Beträge von mehr als 5°, so soll die Tabelle aus zwei Spalten bestehen: Eine Spalte (Ablenkungstafel) mit Kompasskurswerten zum Rechnen vom *Kompasskurs* (MgK) zum *rechtweisenden Kurs* (rwK) und eine Spalte (Steuertafel) mit missweisenden Kurswerten zum Umrechnen vom *rechtweisenden Kurs* (rwK) zum *Kompasskurs* (MgK).

Hinweis:

Bei Nicht-Stahlyachten, also solchen aus GFK oder Holz, ist die Ablenkung zu vernachlässigen und eine Deviationstabelle meist nicht erforderlich, sofern der Steuerkompass weit genug von störenden Einflüssen entfernt ist.

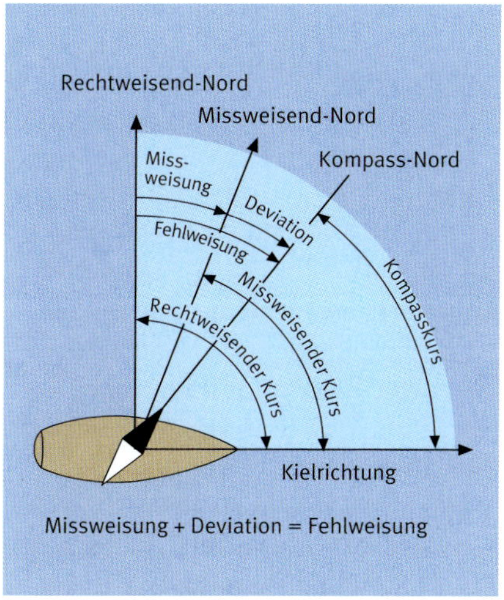

Für den Segler gelten drei Nordrichtungen:
1. Rechtweisend Nord = Meridianrichtung zum Erd-Nordpol.
2. Missweisend Nord = vom Magnetfeld der Erde bestimmte Richtung, die ein Kompass ohne Deviationseinfluss zeigt.
3. Kompass-Nord = Richtung, die der Kompass an Bord anzeigt.

Dazu kommen die drei Kursarten:
1. Rechtweisender Kurs (rwK) = Winkel zwischen Kielrichtung der Yacht und rechtweisend Nord.
2. Missweisender Kurs (mwK) = Winkel zwischen Kielrichtung der Yacht und missweisend Nord.
3. Kompass-Kurs (MgK) = Winkel zwischen Kielrichtung der Yacht und Kompass-Nord. Nach diesem Kurs steuert die Yacht.

Kursbeschickung

Auf Grund der genannten »Kompassfehler« *Missweisung* und *Deviation* muss ein Kurs immer verwandelt *(beschickt)* werden. Der am Kompass abgelesene *Kompasskurs* muss erst, bevor er in die Seekarte eingetragen wird, in den *Kartenkurs* umgewandelt werden. Umgekehrt ist ein in der Karte abgesteckter Kurs in den *Kompasskurs* zu verwandeln.

Hinweis: Sofern keine Driftfehler (Windabdrift und/oder Strom) eingerechnet werden müssen, ist der Kurs in der Karte identisch mit dem *rechtweisenden Kurs*. Bei Abdrift und Strom muss dann vom rechtweisenden Kurs noch weiter gerechnet werden zum *Kartenkurs*.

Zunächst berücksichtigen wir Abdrift und Strom noch nicht, d. h., die Kursverwandlung erfolgt mit den Werten der Mw und Dev.

Nach einer alten seemännischen Verfahrensweise wird oft der rechtweisende Kurs als »richtiger Kurs« und der auf dem Kompass gesteuerte Kurs als »falscher Kurs« bezeichnet und folgender Merksatz verwendet: »Vom falschen Kurs zum richtigen Kurs mit dem richtigen Vorzeichen; vom richtigen Kurs zum falschen Kurs mit dem falschen Vorzeichen.«

Hinweis:

Die Gradwerte von Kursen und Peilungen schreibt man in der Navigation immer dreistellig. Dies gilt nicht für Mw und Dev.

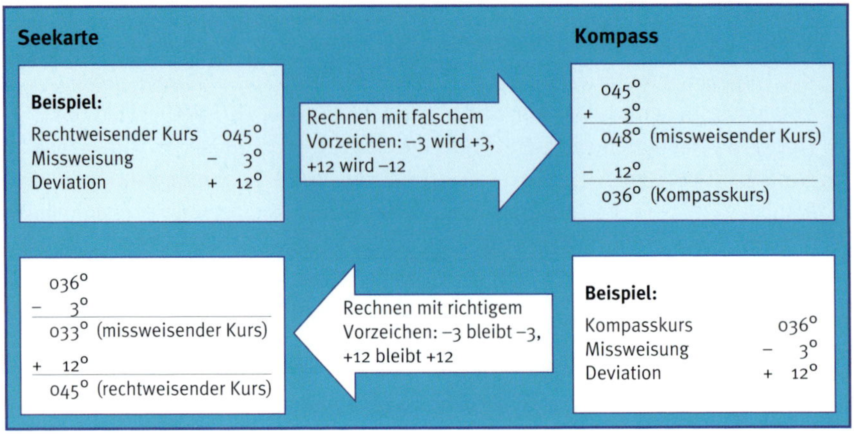

Umwandlung eines Kartenkurses in einen Kompasskurs (oben) und umgekehrt (unten).

Mich persönlich hat die Rechnungsart nach dieser alten Regel immer verunsichert und verwirrt. Ich halte die Rechnungsart von oben nach unten oder umgekehrt für viel einfacher.

Kompasskurs (MgK)
Deviation (Dev oder Abl)

Missweisender Kurs (mwK)
Missweisung (Mw)

Rechtweisender Kurs (rwK)

↓ »Richtiges« Vorzeichen ↑ »Falsches« Vorzeichen

Bei diesem Schema wird der Kompasskurs immer oben hingeschrieben, der rechtweisende Kurs unten.
Beim Umrechnen vom Kompasskurs zum rechtweisenden Kurs wird nun von oben nach unten mit dem richtigen Vorzeichen (entspricht einem +) gerechnet. Umgekehrt, beim Umrechnen vom rechtweisenden Kurs zum Kompasskurs, wird von unten nach oben mit dem falschen Vorzeichen (entspricht –) gerechnet.
Ich habe mal von einem Fahrtensegler gehört, der an Bord einen Stempel mit diesem Schema hatte und nie wieder Probleme mit dem Umrechnen bekam. Diese Idee finde ich ausgezeichnet.

Zwei Beispiele

1. Eine Yacht steuert einen Kompasskurs von 048°. Der Skipper entnimmt aus der Karte eine Missweisung von –4° und aus der Deviationstabelle für den betreffenden Kurs einen Wert von +9°. Wie lautet der rechtweisende Kurs?
Lösung: Rechnen von oben nach unten mit »richtigem« Vorzeichen.

MgK	=	048°	
Dev	=	+ 9°	
mwk	=	057°	Der recht-
Mw	=	–4°	weisende Kurs
rwk	=	053° ↓	lautet 053°.

2. Ein Skipper setzt in der Karte einen rechtweisenden Kurs von 140° ab. Die Missweisung beträgt −4° und aus der Deviationstabelle entnimmt er für diesen Kurs einen Wert von +9°. Welcher Kurs muss am Kompass gesteuert werden?
Lösung: Rechnen von unten nach oben mit »falschem« Vorzeichen.

MgK	=	135°	Es muss ein Kurs von 135° gesteuert werden.
Dev	=	+ 9°	
mwk	=	144°	
Mw	=	−4°	
rwk	=	140°	

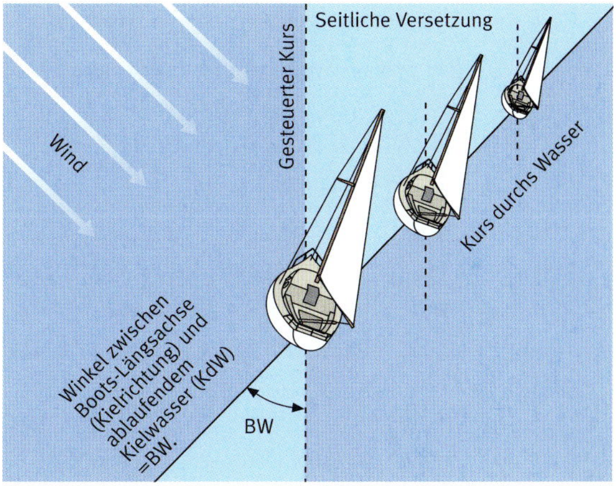

Durch die Abdrift wird das Boot seitlich versetzt. Zum Erreichen des geplanten Ziels ist ein Vorhalt nötig: die Beschickung für Wind (BW). Bei Windeinfall von Bb und Abdrift nach Stb, wie hier, ist die BW mit einem Pluszeichen (+) zu versehen.

Abdrift und Strom

Herrschen *Abdrift* und/oder *Strom*, so ist der rechtweisende Kurs nach unserem vorhergehenden Rechenschema noch nicht der Kartenkurs. Die Rechnung muss jetzt noch ergänzt werden mit den Werten von Abdrift und/oder Strom.

Abdrift

Die *Abdrift* ergibt sich durch die seitliche Windeinwirkung (besonders auf Amwindkursen). Der durch die Abdrift entstehende Winkel zwischen der Kielrichtung (= gesteuerter Kurs) und dem Weg, den die Yacht unter dem Windeinfluss durch das Wasser zurücklegt (= *Kurs durchs Wasser)*, heißt *Beschickung für Wind* (BW). Bei Abdrift muss also ein Vorhaltewinkel mit einkalkuliert werden, d. h., bei der Kursverwandlung muss neben Missweisung und Deviation auch die BW eingerechnet werden, und man erhält den *Kurs durchs Wasser* (KdW) als neue Größe. Wichtig dabei:

➤ Abdrift nach Stb = Kurs wird um Abdrift größer = Vorzeichen +.

➤ Abdrift nach Bb = abzuziehende negative Abdrift = Vorzeichen −.

Ein Beispiel

Eine Yacht steuert einen Kompasskurs von 056°; bei nördlichen Winden beträgt die Abdrift etwa 4°. Welcher Kurs durchs Wasser muss in die Karte eingetragen werden bei einer Missweisung von −3° und einer Deviation von +9°?

Lösung:

MgK	=	056°
Dev	=	+ 9°
mwk	=	065°
Mw	=	–3°
rwk	=	062°
BW	=	+ 4°
KdW	=	066°

Es muss ein KdW von 066° in die Karte eingetragen werden.

Strom

Der Strom wird durch die zwei Größen *Richtung* und *Stärke* bestimmt. Als Stromstärke gibt man die Strömungsgeschwindigkeit in sm/h an. Bei der Richtung ist zu berücksichtigen, dass angegeben wird, wohin der Strom fließt bzw. die Yacht versetzt wird. So bedeutet z. B. NE –3 sm/h: Der Strom setzt mit einer Geschwindigkeit von drei Seemeilen pro Stunde nach Nordost. Setzt der Strom in oder entgegen die Kursrichtung, so bewirkt er nur eine Änderung der Geschwindigkeit und nicht der Fahrtrichtung. Bei mitlaufendem Strom kommt zur Fahrt durchs Wasser noch die Stromgeschwindigkeit dazu, bei gegenlaufendem Strom ist die Stromgeschwindigkeit von der Fahrt abzuziehen.

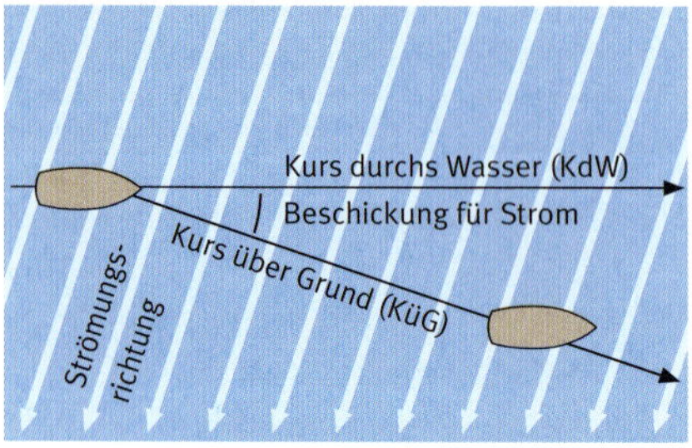

Abdrift durch seitliche Strömung.

Setzt der Strom von der Seite, so ergibt sich (genau wie bei der Abdrift) ein Winkel, genannt *Beschickung für Strom* (BS). Die neue Größe, die wir nun erhalten, ist der *Kurs über Grund* (KüG), der identisch ist mit dem endgültigen *Kartenkurs*.

Auch hier gilt: Wird die Yacht nach Stb versetzt, so ist die BS positiv (+), wird sie nach Bb versetzt, so ist die BS negativ (–).

Das Rechenschema wird nun einfach um die BS ausgedehnt. Führen wir unser zuvor bei der Abdrift genanntes Beispiel weiter mit dem Wert einer BS von +12°, so ergibt sich ein KüG = Kartenkurs von 078°:

Kdw	=	066°
BS	=	+12°
KüG	=	078°

Um bei in Stärke und Richtung bekanntem Strom und bei bekanntem Kurs durchs Wasser den Stromversetzungswinkel und den für die Arbeit in der Seekarte benötigten KüG finden zu können, benutzt man das so genannte **Stromdreieck**. Es handelt sich hierbei um eine zeichnerische Lösung, mit deren Hilfe man jeweils aus zwei bekannten Seiten auf die dritte schließen kann. Die gezeichneten Pfeile entsprechen in

ihrer Länge der Geschwindigkeit und in ihrer Richtung der Richtung von Strom und Kursen.
Aus dem Kurs durchs Wasser und dem Strom ermittelt man nun den Kurs über Grund; oder umgekehrt erhält man aus dem Kurs durchs Wasser und dem Kurs über Grund zeichnerisch Stärke und Richtung des Stromes.
Bei der Navigation mit Strom sind drei Grundaufgaben mit Hilfe des Stromdreiecks zu lösen. Nachdem jede Seite dieses Stromdreiecks der Bewegung pro Stunde entspricht, bezeichnet man es auch als *Stundendreieck*.
Die Fragen dazu lauten:
1. Wohin kommt eine Yacht, die einen bestimmten Kurs steuert, unter Stromeinfluss?
2. Welchen KdW muss man steuern, um das Ziel zu erreichen?
3. Welches sind Richtung und Stärke eines herrschenden Stroms?

1. Stromaufgabe

Kurs und Fahrt durchs Wasser einer Yacht sind gegeben, außerdem der herrschende Strom nach Richtung und Stärke. Wohin segelt die Yacht? Gesucht werden der Kurs und die FüG (Fahrt über Grund).
Lösung:
Vom Ausgangspunkt A aus trägt man den Kurs durchs Wasser an, darauf die Fahrt durchs Wasser in einer Stunde und erhält Punkt B. Von diesem Punkt aus wird der Strom in Richtung und Stärke

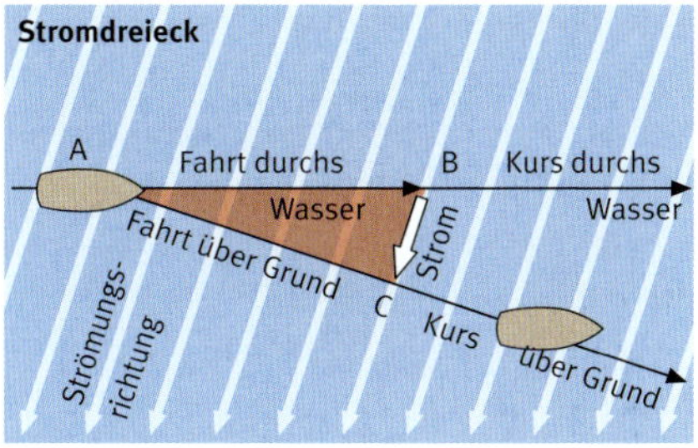

1. Stromaufgabe

(für eine Stunde) eingezeichnet und man erhält Punkt C. Die Strecke A–C ist der gesuchte Kurs (einschließlich der Fahrt) über Grund.

2. Stromaufgabe

Der Strom in Richtung und Stärke ist gegeben, außerdem die Fahrt durchs Wasser und das Ziel. Welchen Kurs durchs Wasser muss man steuern?
Lösung:
Man verbindet den Ausgangspunkt A mit dem Zielpunkt B und erhält den Kurs über Grund. Außerdem wird im Ausgangspunkt A der Strom in Richtung und Stärke als Pfeil angetragen, die Pfeilspitze ist der Punkt C. Als Nächstes wird die bekannte Fahrt durchs Wasser in den Zirkel genommen und um Punkt

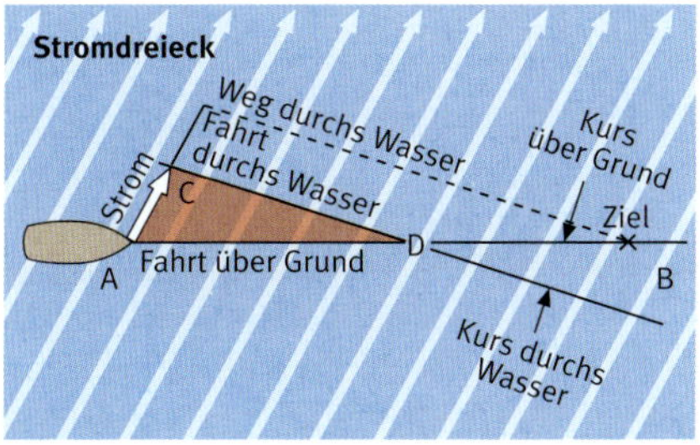

2. Stromaufgabe

C als Mittelpunkt wird ein Kreis so gezogen, dass er die »Kurs über Grund-Linie« schneidet. Verbindet man nun diesen Schnittpunkt D mit Punkt C, so erhält man die »Kurs-durchs-Wasser-Linie«.

3. Stromaufgabe

Gegeben sind der in der Karte abgesetzte Kurs durchs Wasser, die mittels der Logge gemessene Fahrt durchs Wasser und der wahre, nicht auf der Kurs-durchs-Wasser-Linie liegende Schiffsort. Wie kann man den Strom nach Richtung und Stärke bestimmen?
Lösung:
Zunächst wird die Besteckversetzung (siehe bei »Schiffsortbestimmung durch Koppeln«) ermittelt. Dazu verbindet man den Ausgangspunkt A mit dem wahren Schiffsort B – und der Kurs über Grund ist eingetragen. Ferner zeichnet man in die Karte vom Ausgangspunkt A den Kurs durchs Wasser ein, auf dessen Linie der zurückgelegte Weg durchs Wasser abgetragen wird. Der somit erhaltene Punkt C ist der Koppelort (siehe nächste Seite), den man ohne Strom-

3. Stromaufgabe

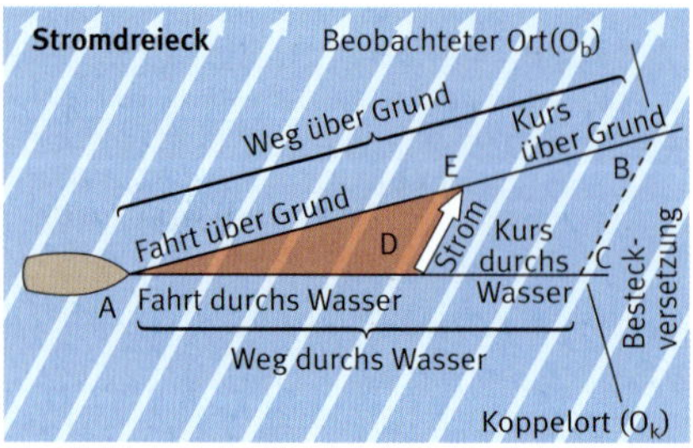

einfluss erreicht hätte. Verbindet man die beiden auf den gleichen Zeitpunkt bezogenen Schiffsorte B und C, so ist die Besteckversetzung abzulesen. Da die Richtung des Stromes mit der Richtung der Besteckversetzung zusammenfällt, ist die genaue Ermittlung des Stromes kein Problem mehr. Man verwandelt dazu das Stromdreieck in ein Stundendreieck, indem man vom Ausgangspunkt A auf der Linie Kurs durchs Wasser die gemessene Fahrt durchs Wasser abträgt (Strecke A–D) und durch den gewonnenen Punkt D die Parallele zur Besteckversetzung zieht. Die Strecke D–E entspricht nach ihrer Länge der Stromstärke, nach ihrer Richtung der Stromrichtung.

Standlinien

Einen Schiffsort erhalten wir aus dem Schnittpunkt von zwei oder mehreren *Standlinien*. Jede Linie, auf der sich die Yacht befindet, ist eine Standlinie. Als verhältnismäßig einfache (manchmal aber auch unsichere) Standlinie erweist sich der *Koppelkurs*. Andere Standlinien erhält man aus der Beobachtung von Objekten der Küste (*terrestrische Standlinien)*, d.h. durch Peilen, Abstandsbestimmungen, Loten oder Messen von Horizontalwinkeln. Daneben gibt es noch *Funkstandlinien* oder im Hochseebereich *astronomische Standlinien*.

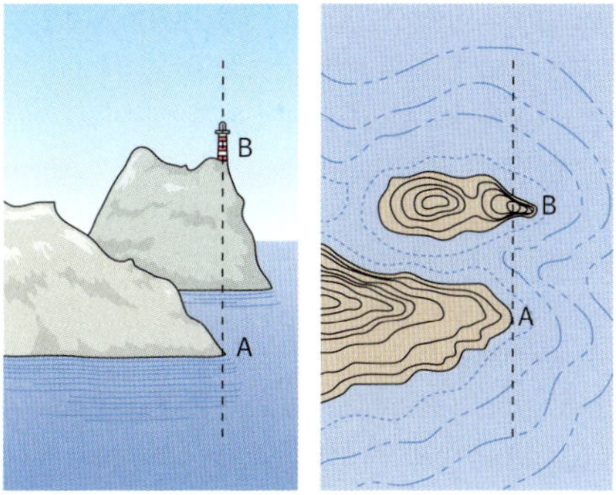

Beispiel für eine Deckpeilung.

Die genaueste Standlinie ist die *Deckpeilung,* die sich ganz einfach ergibt, wenn zwei deutliche Objekte, die auch in der Seekarte erkennbar sind, zur Deckung gebracht werden. Solche Objekte wären z. B. zwei Leuchtfeuer, zwei Baken, ein Leuchtfeuer und ein Kirchturm, eine *Huk* (= Küstenvorsprung) und ein Leuchtturm. Nach Verlängern der Verbindungslinie beider Objekte erhält man eine zuverlässige Standlinie. Achtung: Landmarken eignen sich für Deckpeilobjekte besser als Tonnen, die vertreiben können! Zum Fahrtensegeln im näheren Küstenbereich genügen folgende Standlinienmöglichkeiten zur Schiffsortbestimmung (die Sie aber wirklich beherrschen müssen):

- Schiffsortbestimmung durch *Koppeln* bei fehlender Landmarke.
- Schiffsortbestimmung durch *Doppelpeilung* bei nur einer sichtbaren Landmarke.
- Schiffsortbestimmung durch *Kreuzpeilung* bei zwei sichtbaren Landmarken.

Schiffsortbestimmung durch Koppeln

Beim Koppeln wird der Schiffsort ohne Berücksichtigung einer Landmarke errechnet, indem man an der in der Seekarte eingetragenen Kurslinie die vom Ausgangspunkt an zurückgelegte Distanz (= *versegelte Distanz* oder *Versegelung)* abträgt und somit einen Schiffsort erhält. Dieser Schiffsort heißt *Koppelort* (O_k), sofern alle vorherrschenden Einflüsse einschließlich Strom berücksichtigt sind, bzw. *Loggeort* (O_l), wenn der Strom speziell ausgenommen ist.
Nachdem fehlerhaftes Arbeiten des Logs, Abdrift, Strom und Kursabweichungen beim Steuern nicht ausgeschlossen sind, kann das Koppeln einen recht ungenauen Schiffsort ergeben, der von dem tatsächlichen Ort bzw. von dem durch den Schnittpunkt zweier Standlinien ermittelten Ort abweichen kann. Dieser letztgenannte Ort heißt *beobachteter Ort* (O_b) bzw. nach alter Bezeichnung *wahrer Ort.* Der Unterschied in Richtung und Entfernung vom Koppelort (Loggeort) zum beobachteten Ort ist die **Besteckversetzung** (BV), die in rechtweisender Richtung in Graden und in Seemeilen vom Koppelort (Loggeort) zum beobachteten Ort angegeben wird. Übrigens wird der O_b beim Eintrag in die Seekarte mit einem kleinen Kreis um die sich kreuzenden Standlinien markiert bzw. mit einem aufrecht stehenden,

Besteckversetzung, z. B. 153°/2 sm.

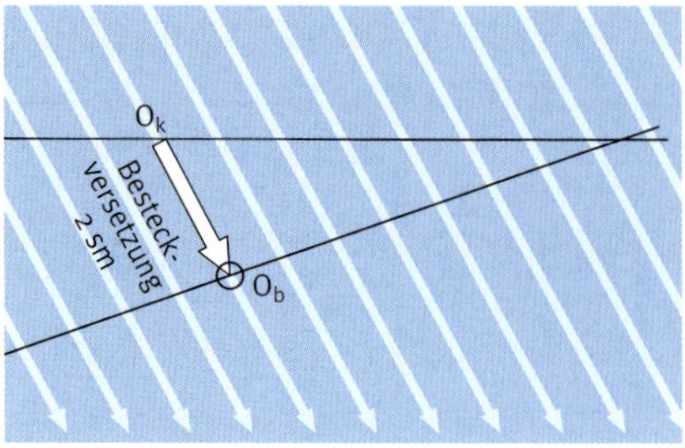

umringelten Kreuz. Die Markierung des O_k bzw. O_l erfolgt durch einen kleinen Querstrich durch die Kurslinie (mit Uhrzeit und Loggestand).

Schiffsortbestimmung durch Peilen

Bevor wir zu den Peilungsarten kommen, müssen wir noch darauf eingehen, dass wir nach den Grundsätzen der Kursverwandlung eine vorgenommene Peilung erst in eine *rechtweisende Peilung* (rwP) verwandeln müssen, um sie dann in die Seekarte eintragen zu können. Die Deviation richtet sich dabei nach dem gerade anliegenden Kompasskurs und nicht nach der Kompasspeilung. Wir müssen jetzt auch unterscheiden, ob wir eine *Kompasspeilung* vornehmen oder eine Peilung mit der Peilscheibe, genannt *Seitenpeilung*. Bei der Seitenpeilung ist die Richtung zum gepeilten Gegenstand auf die Kielrichtung der Yacht bezogen, weshalb hier zuerst eine Kompasspeilung gemacht werden muss: Seitenpeilung (SP) + Kompasskurs (MgK) = Kompasspeilung (MgP).

Doppelpeilung (Versegelungspeilung)

Steht nur eine Landmarke zum Anpeilen zur Verfügung, so kann der Schiffsort durch die *Doppelpeilung* bestimmt werden. Voraussetzung ist die eingetragene (vermeintliche) Kurslinie. Man peilt nun die eine Marke an, segelt ein Stück weiter, bis das Objekt gut ausgewandert ist, und peilt es dann nochmals an. Die versegelte Distanz zwischen beiden Peilungen muss möglichst genau festgestellt werden. Man verschiebt nun die erste

Doppelpeilung

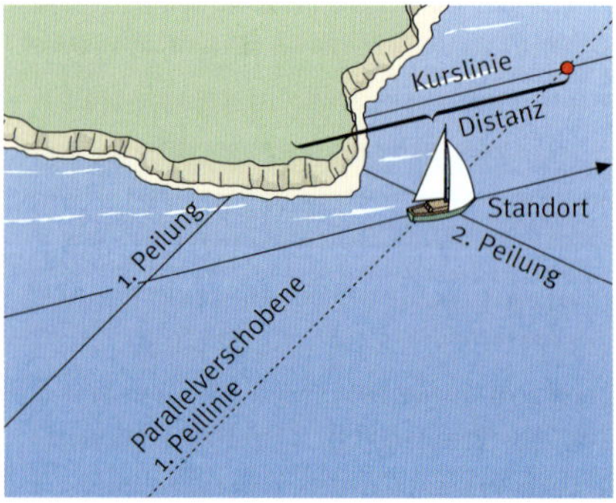

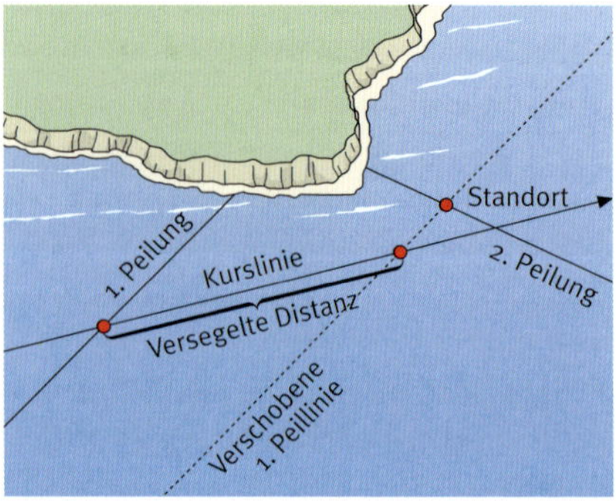

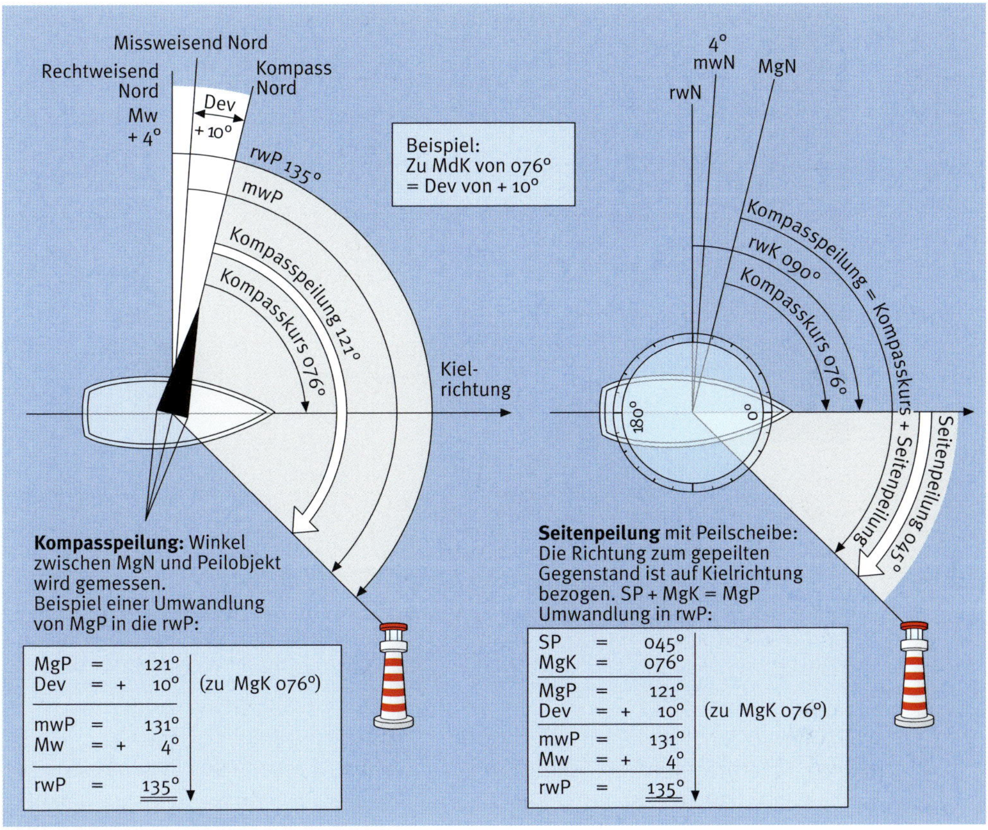

Schiffsortbestimmung durch Kompass- und Seitenpeilung.

Peillinie parallel in Richtung Kurslinie so, dass sie den Endpunkt der versegelten Distanz schneidet. Der sich ergebende Schnittpunkt der verschobenen 1. Peillinie mit der 2. Peillinie ist der Schiffsort zur Zeit der 2. Peilung. Durch unbekannte Stromversetzungen kann dieses Verfahren etwas ungenau sein. Eine Variante ist die *abgestumpfte Doppelpeilung*. Sie geht nach dem gleichen Prinzip vor, nur werden zwei verschiedene Punkte nacheinander angepeilt. Dies ist z. B. erforderlich, wenn der zuerst angepeilte Punkt zum Zeitpunkt der 2. Peilung verdeckt ist.

Eine Abart der Doppelpeilung ist die *Vierstrichpeilung*. Wenn man das Objekt 4 Strich (= 045°) peilt, liest man das Log ab bzw. notiert die Zeit. Dann peilt man dasselbe Objekt querab (090°), liest wieder das Log ab bzw. notiert die Zeit und errechnet die

Ein solch markanter Inselfelsen ist natürlich in der Seekarte verzeichnet und zum Anpeilen geeignet.

zwischen den Peilungen zurückgelegte = versegelte Distanz. Die Distanz ist dann gleich dem Abstand der Yacht zur Zeit der zweiten Peilung.

Vierstrichpeilung

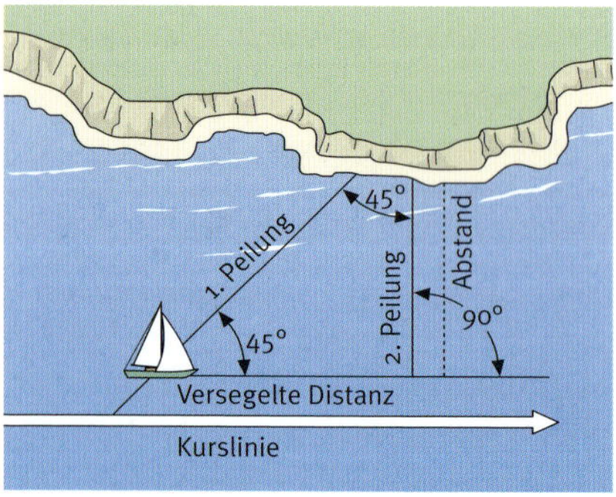

Kreuzpeilung

Bei dieser am meisten angewandten und einfachen Art der Schiffsortbestimmung peilt man zwei geeignete Objekte gleichzeitig bzw. kurz hintereinander an und erhält als Schnittpunkt beider Peillinien den Standort. Das Peilergebnis ist brauchbar, wenn sich beide Linien unter einem Winkel von etwa 30° bis 150° schneiden. Ist der Winkel dagegen kleiner oder größer, so sind die beiden Peilungen wenig brauchbar, da sich die eingezeichneten rechtweisenden Peillinien zu undeutlich schneiden bzw. ein zu großes Fehlerfeld ergeben.

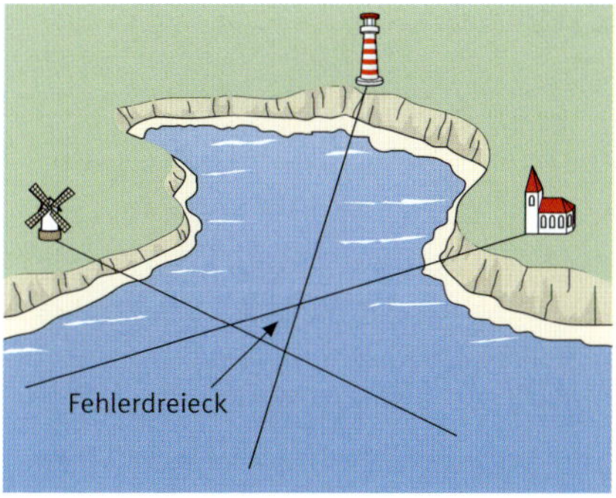

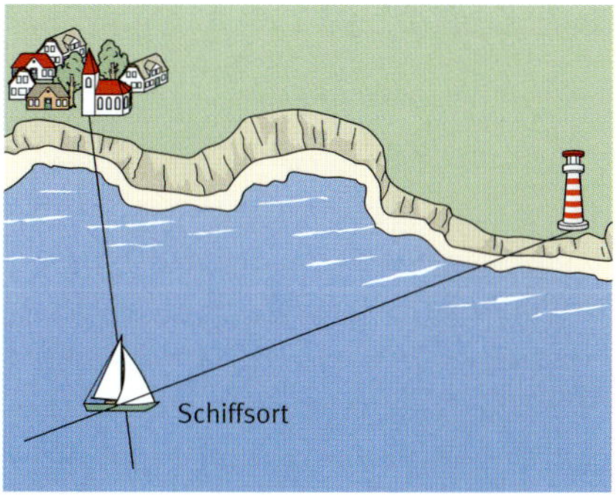

Schiffsortbestimmung durch das Anpeilen von zwei oder drei Objekten (Kreuzpeilung).

Die Zuverlässigkeit der Kreuzpeilung kann erhöht werden, wenn ein drittes Objekt angepeilt wird. Allerdings ergibt sich in diesem Fall meist ein so genanntes *Fehlerdreieck*, da die dritte Standlinie kaum genau durch den Schnittpunkt der ersten beiden Linien verläuft. Ergibt sich so ein Fehlerdreieck, so ist der Schiffsort bei einem annähernd gleichseitigen Dreieck in dessen Mittelpunkt, bei einem spitzwinkligen Dreieck in der Nähe der kurzen Seite zu suchen. Bei einem zu großen Fehlerdreieck sind wohl Peilfehler schuld, man wiederholt deshalb die Peilungen.

Hier auf hoher See ohne Landsicht gibt es nichts zum Peilen. Den Schiffsort kann man nur mit einem GPS-Gerät oder mithilfe der astronomischen Navigation bestimmen.

Gezeiten

Eine einfache Methode, um festzustellen, wie schnell das Wasser zwischen Niedrigwasser und Hochwasser steigt oder fällt, ist die Zwölftelregel.

Zwölftelregel
Das Wasser steigt oder fällt in der
1. Stunde um 1/12
2. Stunde um 2/12
3. Stunde um 3/12
4. Stunde um 3/12
5. Stunde um 2/12
6. Stunde um 1/12
des gesamten Tidenhubs.

Wenn Sie am Mittelmeer oder auf der Ostsee segeln, dann können Sie das folgende Kapitel getrost überblättern (es sei denn, Sie sind aufgeschlossen für dieses doch sehr interessante Thema), denn die Gezeiten spielen dort kaum eine Rolle. Aber schon auf der Nordsee kommen Sie nicht drumherum: Ohne genaue Kenntnisse der Gezeiten und ohne die Fähigkeit, damit umzugehen, ist ein Scheitern vorprogrammiert.

Entstehung, Grundbegriffe

Bei den Gezeiten – auch *Tiden* genannt – handelt es sich um eine besonders in der Nordsee stark auftretende Hebung und Senkung des Meeresspiegels in regelmäßigem Rhythmus. Damit verbunden sind horizontale Wasserbewegungen, die so genannten Gezeitenströme. Die Gezeiten entstehen durch die Anziehungskraft zwischen Erde und Mond und zwischen Erde und Sonne und durch die Fliehkraft, die bei der Mond-

Bei einem Gezeitenrevier kann ein Hafen sogar ganz trockenfallen, z. B. hier im Nordwesten Irlands in Mullaghmore. Ein Kimmkieler hat hier den großen Vorteil, dass er nicht umkippen kann.

Grundbegriffe der Gezeiten

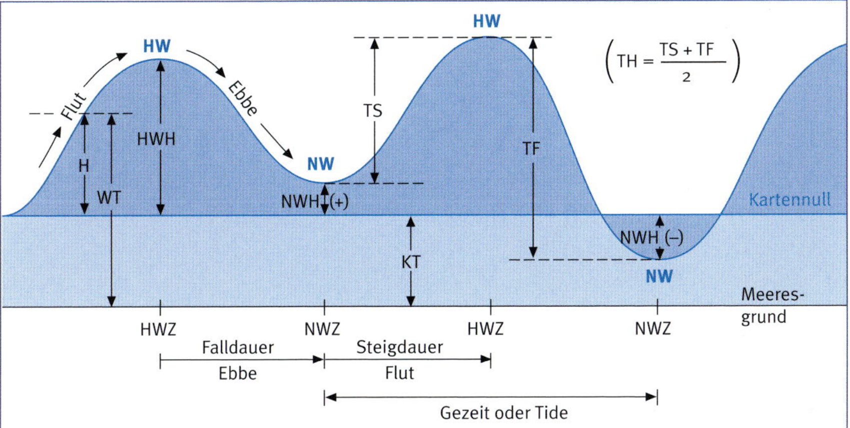

KT = Kartentiefe (aus der Seekarte zu entnehmen),
HW = Hochwasser (Eintritt des höchsten Wasserstandes einer Tide beim Übergang vom Steigen zum Fallen),
NW = Niedrigwasser (= Eintritt des niedrigsten Wasserstandes zwischen zwei aufeinander folgenden Tiden beim Übergang vom Fallen zum Steigen),
HWH = Hochwasserhöhe,
NHW = Niedrigwasserhöhe,
WT = Wassertiefe (= Kartentiefe + Höhe der Gezeit),
H = Höhe der Gezeit (bezogen auf das örtliche Seekartennull),
TS = Tidenstieg,
TF = Tidenfall,
HWZ = Hochwasserzeit,
NWZ = Niedrigwasserzeit.
Das arithmetische Mittel aus TS und TF nennt man TH = Tidenhub.

bewegung um die Erde auftritt. Die Wirkung des Mondes überwiegt.
Der sich dabei ergebende höchste Wasserstand heißt *Hochwasser (HW)*, der niedrigste *Niedrigwasser (NW)*. Das Steigen von NW auf HW nennt man *Flut*, das Fallen von HW auf NW *Ebbe*. Die Höhe, um die der Wasserspiegel fällt und steigt, heißt *Tidenhub*. Ebbe und Flut zusammen ergeben eine *Tide* bzw. *Gezeit*. Zwischen zwei Hoch- oder Niedrigwassern liegen im Durchschnitt 12 Stunden, 25 Minuten, zwischen Hoch- und Niedrigwasser rund 6 Stunden, 15 Minuten. Der Höhenunterschied zwischen Niedrigwasserhöhe und Hochwasserhöhe heißt *Tidenstieg*, umgekehrt *Tidenfall*. Das Mittel aus Tidenstieg und Tidenfall bezeichnet man als *Tidenhub*.

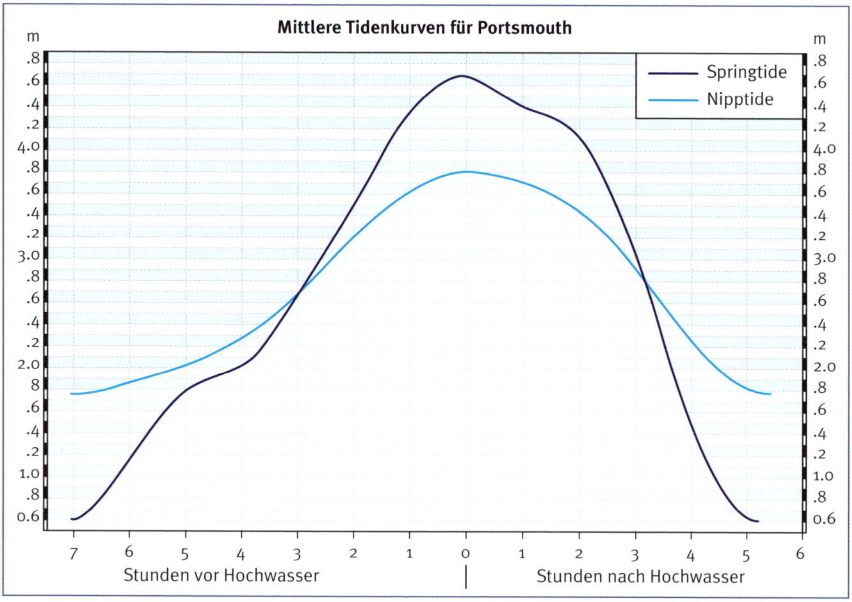

Beispiel für eine Tidenkurve (hier Portsmouth), wie sie in den Gezeitentafeln des BSH wiedergegeben ist.

Die Wasserstandsänderung für einen Ort wird zeichnerisch als *Tidenkurve* dargestellt, in der die Zeit (Dauer von Flut und Ebbe) als Abszisse und die Wasserstände (in Metern) als Ordinaten angetragen sind. Dabei betrifft eine Kurve die Springtide, eine zweite Kurve (gestrichelt) die Nipptide.

Springzeit und Nippzeit

Die Höhen von aufeinander folgenden Hochwassern und die Tiefen der Niedrigwasser sind jeweils nicht gleich, sondern nehmen stetig zu bzw. ab, und zwar in einem Verlauf von rund 14 Tagen.

Wirken die Gezeiten bildenden Kräfte von Sonne und Mond zusammen (= wenn beide in einer Linie stehen, d. h. bei Voll- und Neumond), entstehen besonders hohe Hochwasser und besonders niedrige Niedrigwasser – das sind die *Springzeiten (-tiden)* mit *Springhoch-* und *Springniedrigwasser*. Steht aber der Mond im ersten bzw. letzten Viertel, ergeben sich besonders schwache Tidenerscheinungen – die *Nippzeiten (-tiden)* mit *Nipphoch-* und *Nippniedrigwasser*. Die Spring- und Nippzeiten treten mit gewisser Verspätung auf, an den deutschen Küsten nahezu überall rund drei Tage später: Dies nennt man *Springverspätung*. Die Zeit zwischen Spring- und Nippzeit heißt *Mittzeit*.

Um zu ersehen, an welchem bestimmten Tag Spring-, Nipp- oder Mittzeit herrscht, benötigt man für das betreffende Jahr die Mondphasenübersicht der Gezeitentafeln. Zunächst herrschen jeweils zwei Tage vor und nach Neumond bzw. Vollmond Springverhältnisse und zwei Tage vor und nach den beiden Halbmondphasen Nippverhältnisse. Dazwischen liegen jeweils für drei Tage Mittverhältnisse.

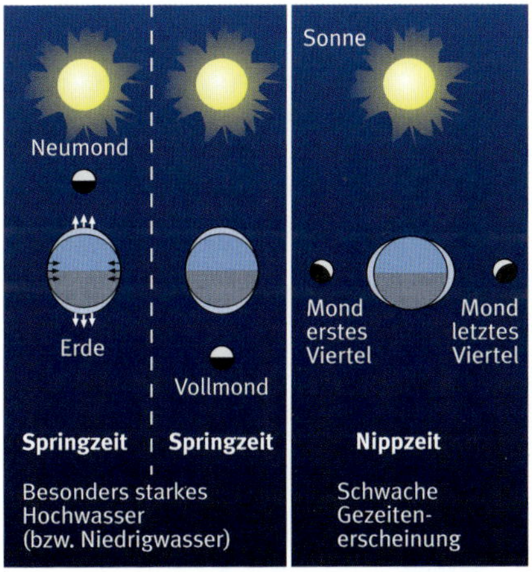

Die Tage nach Neumond oder Vollmond ergeben die Springzeit. Sonne, Mond und Erde stehen in einer Verbindungslinie (= Konjunktion) oder einander gegenüber (= Opposition).

In den europäischen Gewässern fällt aber die Springzeit nicht genau mit Voll- oder Neumond zusammen, sondern sie verschiebt = verspätet sich. Diese Springverspätung betrifft natürlich auch die anderen Zeiten, sie beträgt in der deutschen Bucht – wie oben schon erwähnt – drei Tage. Diese drei Tage Springverspätung müssen also jeweils einkalkuliert werden im Hinblick auf die zu erwartenden Verhältnisse.

Kartennull, Wassertiefe

Die den Gezeitentafeln entnommenen Angaben über die Wasserhöhen sind auf *Kartennull* bezogen. Wie schon beim Abschnitt »Seekarte« erwähnt, ist in deutschen Seekarten das Kartennull auf die durchschnittliche Niedrigwasserhöhe zur Springzeit bezogen, eine Wasserhöhe, die im Ablauf der Gezeitenkurve meist überschritten wird. Zu beachten ist aber, dass diese Bezugshöhe nicht unbedingt für alle Länder gilt. Die *Kartentiefe* ist in der Seekarte angegeben, die Höhe der Gezeit ist die meist über dem Kartennull liegende Wasserhöhe. Die eigentliche, beim Loten feststellbare *Wassertiefe* ergibt sich aus der Addition von Kartentiefe plus Höhe der Gezeit.

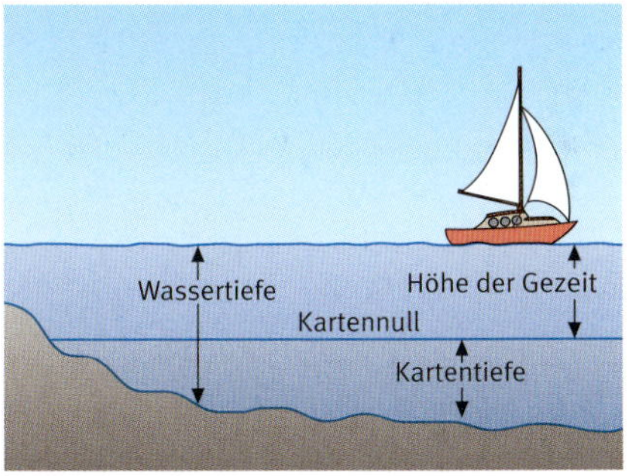

Die Wassertiefe resultiert aus der Kartentiefe plus der Höhe der Gezeit.

Gezeitenberechnungen

Bei der Navigation in Gezeitengewässern sind verschiedene Aufgaben zu bewältigen. Wichtig zu wissen ist dabei jeweils:

➤ Wann herrscht für den betreffenden Bezugs- oder Anschlussort Hochwasser bzw. Niedrigwasser?

➤ Wie hoch sind die Hochwasser- und die Niedrigwasserhöhe?

➤ Wie viel Wassertiefe herrscht zwischen Hoch- und Niedrigwasser?

➤ Wie viel Wasser hat man bei Niedrigwasser an einem bestimmten Ort noch unter dem Kiel?

➤ Wann ist mit auf- und wann mit ablaufendem Wasser zu rechnen?

Als Arbeitsgrundlage dienen die jährlich vom BSH herausgegebenen *Gezeitentafeln* für europäische Gewässer einschließlich Mittelmeer. In ihnen findet man für bestimmte *Bezugsorte* die Höhen und Zeiten der Hoch- und Niedrigwasser, dazu jeweils die *Tidenkurve,* aus der der genaue Verlauf der Tide abzulesen ist. Für so genannte *Anschlussorte* sind die Unterschiedszeiten und -höhen angegeben.

Für die Britischen Inseln, Nord- und Westeuropa, den Atlantischen, Indischen und Pazifischen Ozean kommen auch die britischen *Admirality Tide Tables* in Frage. Für ein kleineres Gebiet (Deutsche Bucht) gibt das BSH jährlich den *Gezeitenkalender* heraus, der aber nur die Hoch- und Niedrigwasserzeiten ohne die Höhen der einzelnen Bezugs- und Anschlussorte enthält.

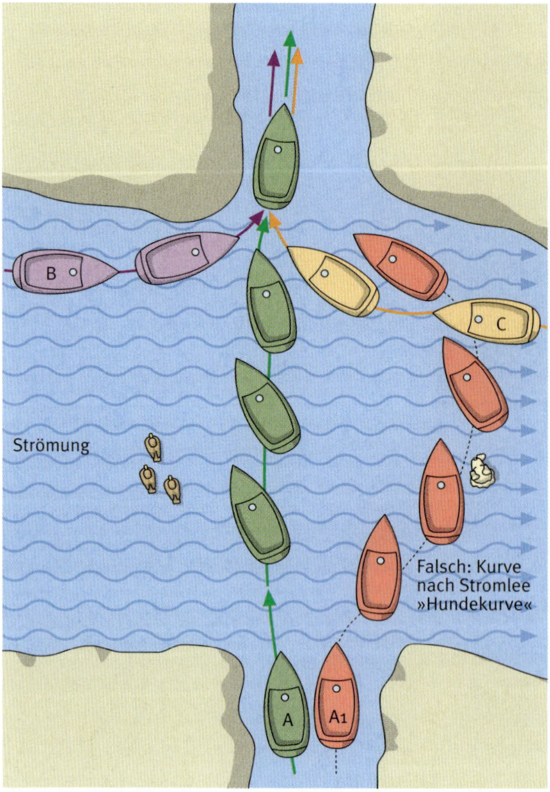

Einlaufen bei Strom in eine enge Einfahrt (Windrichtung und Segelstellung sind hier nicht berücksichtigt): Die Boote B und C halten sich deutlich nach Stromluv. Boot A berücksichtigt die Versegelung durch den Strom sowie Wasservögel, die ohne Umweg ins Ziel kommen. Boot A1 fährt fälschlicherweise eine so genannte »Hundekurve«: Ein Hund würde die Strömung erst bemerken, wenn es zu spät ist.

Umgang mit Gezeitenstrom

Die Wasserstandsänderungen durch die Gezeiten sind verbunden mit einem Hin- und Herströmen des Wassers: den *Gezeitenströmen.* Bei Heranströmen = Steigen des Wassers (Flut) beginnt der *Flutstrom,* umgekehrt beginnt der *Ebbstrom* während der Ebbe. Der Zeitpunkt, zu dem der Gezeitenstrom seine Richtung von Flut- zu Ebbstrom oder umgekehrt ändert, heißt *Kentern des Stromes. Stillwasser* herrscht in dem Zeitraum, während dessen kein Gezeitenstrom festzustellen ist.
Über Richtung und Stärke der Gezeitenströme gibt es etliche nautische Informationsquellen, z. B. die *Atlanten der Gezeitenströme* des BSH.

Auch der Wind wirkt auf den Strom und den Seegang ein. Bei Strom gegen den Wind ist der Seegang kürzer und kabbeliger, setzt der Strom mit dem Wind, ist die See glatter. Kentert der Strom, so kann er seine Richtung um 180° ändern und damit auch das Verhalten der See. Bei der Navigation muss gegebenenfalls der Strom miteingerechnet werden (siehe im Kapitel »Abdrift und Strom«) und beim Manövrieren im Strom, z. B. bei Hafeneinfahrten, muss der Stromeinfluss auf die Fahrt über Grund berücksichtigt werden. Mitlaufender Strom bedeutet erhöhte Fahrt über Grund, gegenlaufender Strom das Gegenteil. Bei Strom von der Seite muss man entsprechend vorhalten und nach Stromluv steuern. Übrigens kann man bei einer Fahrwassertonne gut erkennen, ob Strom herrscht.

Herrscht beim Einlaufen in einen Hafen neben Starkwind auch noch Strom, ist das Manöver nicht so einfach. Man sollte unbedingt die Stromrichtung kennen.

Wetter

Wetterkenntnisse des Skippers

Eng verbunden mit dem Fahrtensegeln ist das Wetter! Schon aus Sicherheitsgründen – z. B. um nicht von einem Sturm oder von Windbesonderheiten überrascht zu werden – sind für einen Skipper gute Wetterkenntnisse obligatorisch. Er muss:

➤ Sich laufend durch Abhören eines Wetterberichts über die Wetterlage und Wetterentwicklung informieren.

➤ Eigene Wetterbeobachtungen anstellen sowie die Barometertendenz verfolgen.

➤ Fähig sein, Wetterbericht, Wetterkarte und eigene Wetterbeobachtungen auszuwerten.

➤ Für einen Fahrtensegler auf großer Fahrt ist es auch angebracht, eine eigene Bordwetterkarte anfertigen zu können.

Luftdruck und Isobaren

Der Begriff Hektopascal wurde 1984 als internationale Bezeichnung neu eingeführt. Zuvor wurde der Luftdruck in Millibar (mbar) angegeben.

Ein Hauptbestandteil des Wettergeschehens ist der *Luftdruck*, dessen Stärke in *Hektopascal* (abgekürzt hPa) gemessen wird. Der Luftdruck kommt zustande, weil die Luft ein Gewicht hat und somit einen Druck auf ihre Unterlage ausübt. Wir selbst spüren den Druck der Luft nicht, weil diese uns von allen Seiten umgibt, aber wir können den Druck mit dem Barometer messen. Ein fürs Fahrtensegeln sehr geeignetes Barometer, das den Luftdruck auf eine Papiertrommel oder elektronisch aufzeichnet und somit sehr deutlich die Entwicklung des Drucks festhält, nennt man *Barograph*.
Der Luftdruck ist am Erdboden am größten – sein normaler Wert beträgt an der Meeresoberfläche 1013 hPa – und nimmt mit der Höhe ab. Bei Gebieten mit unterschiedlichen Luftdruckverhältnissen besteht die Tendenz zum Ausgleich. Bei hohem Luftdruck, bei welchem »zu viel« Luft an einer Stelle der Atmosphäre liegt, fließt diese ab, und zwar zu den Seiten mit weniger Luft hin.

> Die Luft strömt von Bereichen höheren Drucks in Bereiche niedrigeren Drucks und erzeugt somit Wind als sich ergebende horizontale Luftbewegung.

Wichtig für einen Fahrtensegler ist nun die Tatsache, dass der augenblickliche Luftdruckwert nichts mit dem derzeitigen oder künftigen Wetter zu tun hat. Man kann bei tiefem Druck statt Regen Sonnenschein erleben, genauso wie bei hohem Druck statt Sonne Regen.

> Entscheidend für den Bezug des Luftdrucks auf das Wetter ist also

nicht der augenblickliche Wert sondern die *Zeitspanne* der Druckänderung, die Tendenz. Dabei gilt: Je schneller und umfangreicher sich der Druck ändert, umso rascher und ausgeprägter ändert sich das Wetter.

Folgende Schlüsse sind auf Grund von Druckänderungen zu ziehen:

- Bei stetig fallendem Luftdruck ist schlechteres Wetter zu erwarten.
- Bei langsam und beständig steigendem Luftdruck ist eine anhaltende Wetterbesserung zu erwarten.
- Kurzzeitige Luftdruckänderungen deuten auf wechselhaftes Wetter hin.
- Sehr schnelles Fallen des Luftdrucks (mehr als 1 hPa in der Stunde) kündigt Sturm an.

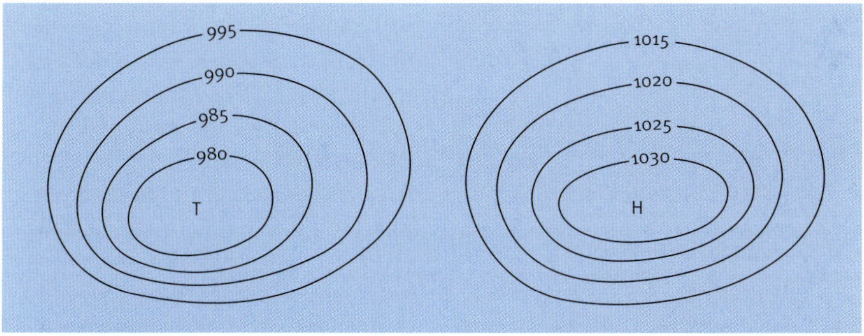

Die Isobaren (grch. Iso = Bestimmungswort für »gleich«) sind die Linien gleicher Luftdruckwerte.

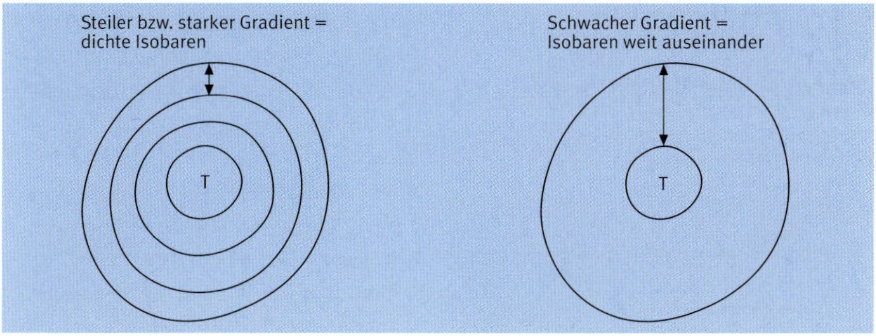

Die Isobaren werden in Deutschland üblicherweise im Abstand von 5 hPa gezeichnet. Sie markieren vom Zentrum nach außen bei einem Hoch fallenden, bei einem Tief steigenden Luftdruck. Die Isobaren geben durch ihren Verlauf ein Maß für die Windrichtung, außerdem zeigen sie das Luftdruckgefälle (= Luftdruckgradient) auf. Der Gradient ist der Luftdruckunterschied zwischen zwei Orten, die 60 Seemeilen (1 Grad) auseinander liegen. Beträgt der Abstand von einer Isobare zur nächsten z. B. 100 Seemeilen, dann beträgt an dieser Stelle der Gradient 5 x 60 : 100 = 3,0 hPa. Ein Abstand von 100 sm entspricht einer Windstärke von 7 bis 8 Bft, 200 sm = 5Bft, 300 sm = 3 Bft.

➤ Kräftiger Druckanstieg (z. B. 1 hPa pro Stunde) gibt Hinweise für Starkwind bis Sturm (Hochdrucksturm).

In der Wetterkarte verbindet man alle Orte gleichen Luftdrucks durch Linien,

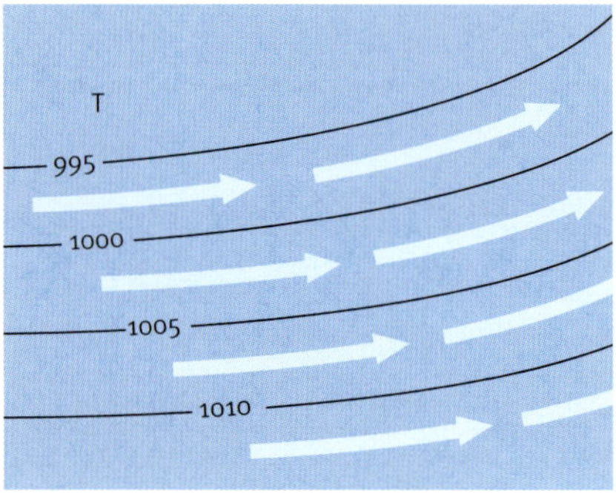

Die Krümmung der Isobaren gibt einen Anhaltspunkt für die Windrichtung. Allgemein kann man sagen, dass der Wind entlang der Isobaren weht. Genauer: Gerade Isobaren = Luftbewegung parallel dazu, je größer die Krümmung = umso größer der Winkel des Luftstroms. Bei mittleren Verhältnissen ist der Winkel mit den Isobaren über See zwischen 10° und 15° und über Land wegen der größeren Reibung zwischen 20° und 45°.

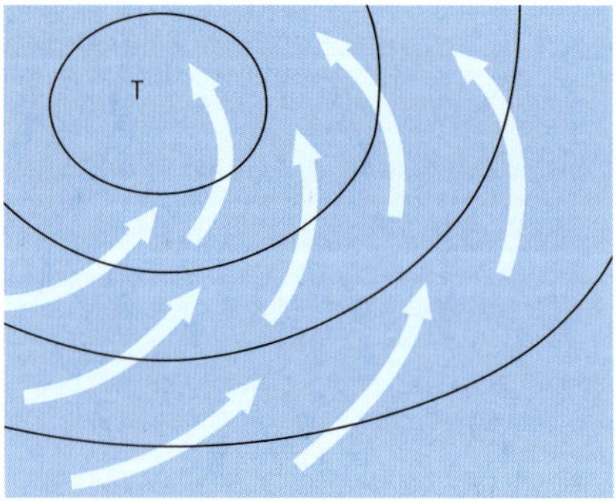

genannt **Isobaren**. An diesen Isobaren, die sich weder kreuzen noch schneiden können, befinden sich in den Wetterkarten Zahlen, das sind die Druckwerte in hPa. Gezeichnet werden bei uns in Deutschland die Isobaren üblicherweise jeweils im Abstand von 5 hPa (z. B. 1005, 1010, 1015 usw.), wobei man an der Größe der Abstände die Stärke des Druckgefälles erkennen kann.

➤ Ist der Verlauf der Isobaren eng, so ist das Druckgefälle groß und der ausgleichende Wind wird stark sein. (Je größer der Druckunterschied, umso stärker der Wind!)

➤ Bei weit auseinander liegenden Isobaren herrscht ein kleines Druckgefälle und es ist nur leichter Wind zu erwarten. Beim Herausströmen der Luft aus dem Hoch und Hineinströmen in das Tief wird durch die Erdrotation die nach ihrem Entdecker benannte *Corioliskraft* hervorgerufen. Sie lenkt die Luft ab und lässt sie in Spiralbahnen rotieren. Dabei gilt allgemein:

➤ Auf der Nordhalbkugel strömt der Wind in ein Tief in Spiralen gegen den Uhrzeigersinn ein, aus dem Hoch strömt er in Spiralen im Uhrzeigersinn heraus (Südhalbkugel umgekehrt).

Bei diesem Ein- und Ausströmen weht der Wind in größeren Höhen mehr parallel zu den Isobaren, während er in Bodennähe durch die Reibung gebremst wird und einen Winkel zu den

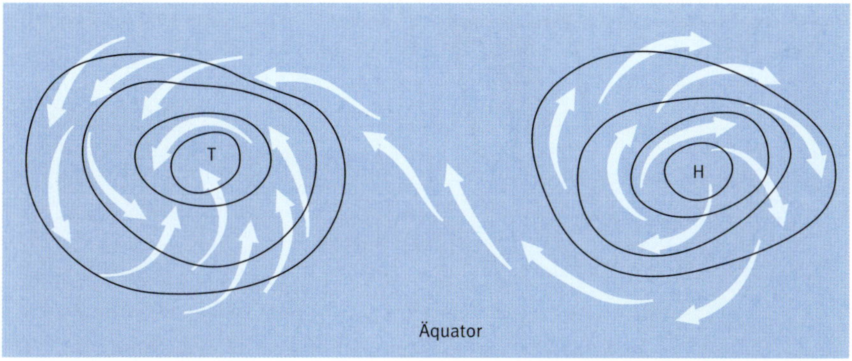

Auf der nördlichen Halbkugel weht der Wind in dieser Weise im Uhrzeigersinn aus dem Hoch heraus und gegen den Uhrzeigersinn in das Tief hinein.

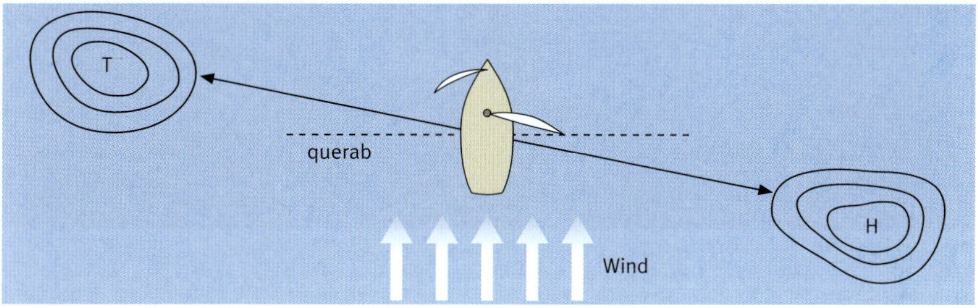

Windgesetz von Buys-Ballot: Segeln wir auf der Nordhalbkugel vor dem Wind, dann liegt das Tief an Bb etwas vorlicher als querab, das Hoch an Stb etwas achterlicher als querab.

Isobaren bildet. Diese Abweichung aus der Isobarenrichtung beträgt bei mittleren Verhältnissen und in mittleren Breiten über Land zwischen 20° und 45° und über See etwa zwischen 10° und 15°. Aus dieser Tatsache ergibt sich das *barische Windgesetz* von Buys-Ballot, mit dessen Hilfe man aus der Windrichtung auf die Position von Hoch und Tief schließen kann. Das Gesetz besagt Folgendes:

➤ Segelt man genau vor dem Wind, so liegt auf der Nordhalbkugel der tiefe Druck links etwas vorlicher als querab und der hohe Druck rechts etwas achterlicher als querab (Südbreite umgekehrt).

Fronten

Treffen warme und kalte Luftmassen aufeinander, so mischen diese sich nicht sofort, sondern behalten zunächst auch an der Grenze ihren Charakter bei.

➤ Die vordere Grenze jeder Luftmasse in der Bewegungsrichtung bezeichnet man dabei als *Front*.

Das Zusammentreffen verschiedener Luftmassen ist oft durch plötzliche Änderung von Luftdruckverlauf, Lufttemperatur, Windrichtung und Windstärke gekennzeichnet. Wir unterscheiden:

➤ **Warmfront,** bei welcher heranströmende Warmluft auf die davor liegende

Hier zieht eine Front auf.

ruhende Kaltluft trifft und dabei aufgleitet (Aufgleitfront). Nachfolgend ergibt sich wärmere Luft.

➤ **Kaltfront,** bei welcher schneller wandernde Kaltluft in die Warmluft einbricht (siehe auch »Spezielle Winde und gefahrenträchtige Wettererscheinungen«).

➤ **Okklusion,** die durch Vermischung einer Kaltfront mit einer Warmfront entsteht. Dabei werden die Warmfronten von den schneller ziehenden Kaltfronten eingeholt, die Kaltluft unterwandert die Warmluft und hebt sie vom Boden ab.

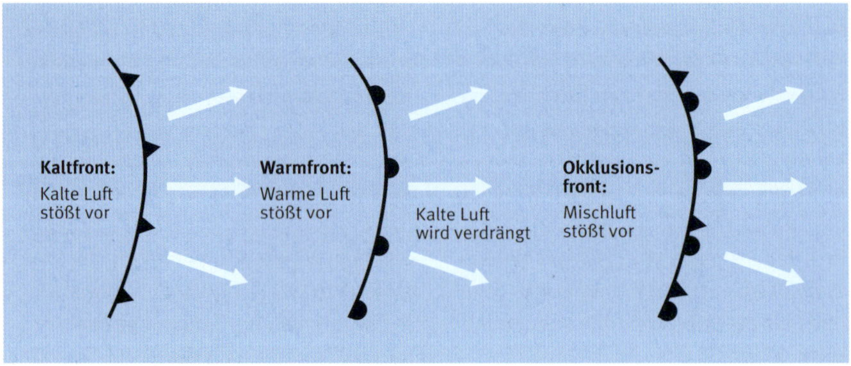

So werden die Fronten in der Wetterkarte dargestellt. Die Pfeile (die nicht in der Wetterkarte erscheinen) zeigen, wie die Luftmassen verlagert werden.

Die Fronten werden in den Wetterkarten durch leicht gekrümmte Linien dargestellt: mit aufgesetzten kleinen Halbkreisen bei der Warmfront, mit spitzen Dreiecken bei der Kaltfront oder mit Halbkreisen und Dreiecken bei der Okklusion.

Wind und Seegang

Vertikale Luftströmungen heißen *Aufwind* und *Abwind,* einzelne horizontale Windstöße werden *Böen* genannt. Fallen die Böen von oben ein, dann handelt es sich um *Fallböen.* Dreht der Wind im Laufe der Wetterlage im Uhrzeigersinn (z.B. von SE über S auf SW), so spricht der Wetterkundler von *rechtsdrehendem* (auch *rechtdrehendem)* Wind. Ein sehr schnelles Rechtsdrehen (z.B. wegen des Durchzuges einer Kaltfront) heißt *Ausschießen.* Dreht der Wind gegen den Uhrzeiger = nach links (z.B. auf der linken Seite der Zugrichtung eines H oder T), so bezeichnet man dies auch als *rückdrehend* oder *Krimpen.*
Eine Frage ist im Hinblick auf die Sicherheit für den Fahrtensegler besonders wichtig: Weht der Wind *auflandig* oder *ablandig?* Während für den Segelsurfer der ablandige Wind an der Küste wegen des Hinaustreibens gefährlich werden kann, ist für den Fahrtensegler genau der umgekehrte Wind, der auflandige Wind, zu beachten.

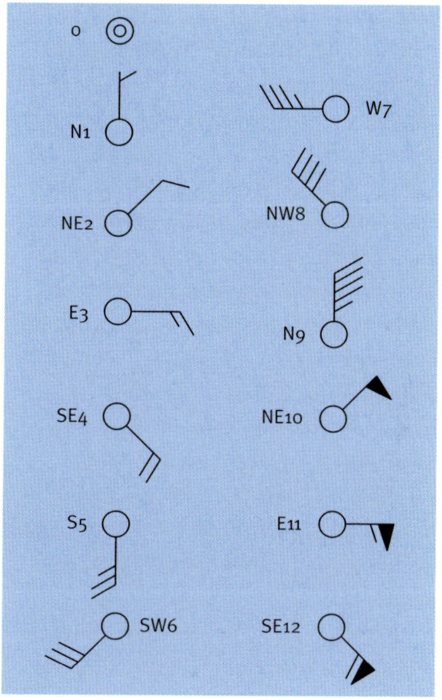

Windpfeile in der Wetterkarte nach Richtung und Stärke (Bft).

➤ Starker auflandiger Wind kann für eine Yacht gefährlich werden! Gerät sie auf *Legerwall,* d.h. zu nahe an die Küste mit auflandigem Wind, und kann sie sich nicht mehr freikreuzen, dann kann sie stranden.

In der Wetterkarte wird die *Strömungsrichtung* des Windes durch Pfeile *(Strömungspfeile)* angegeben: Konturierte Pfeile (entspricht Rot auf farbiger Karte) stellen Warmluft dar und vollgetönte Pfeile (entspricht Blau auf farbiger Karte) Kaltluft. Die *Windrichtung* und *Windstärke* werden durch einen Windpfeil aufgezeigt, der mit dem Wind auf den Beobachtungsort zufliegt. Die Windstärke ist durch ganze und halbe Federchen, die auf der Nordhalbkugel an die linke Pfeilseite gesetzt werden, markiert. Dabei bedeutet eine halbe Feder (Strich) 1 Windstärke nach der *Beaufort (Bft)-Skala,* eine Feder 2 Windstärken usw. Bei Windstärke 10 benutzt man statt fünf Federn als eine Art Sturmwimpel ein kleines Dreieck. Bei Windstille wird ein Kreis um den Stationskreis gezogen.

Die *Windgeschwindigkeit* selbst wird in Knoten (kn) gemessen (1 kn = 1 Seemeile/h = 1852 m/h) oder in Meter pro Sekunde (m/s), die *Windstärke* gemäß der international gebräuchlichen *Beaufort-Skala* angegeben (siehe Anhang).

Unmittelbar im Zusammenhang mit der Windstärke steht der Seegang, bei welchem zwischen *Windsee* und *Dünung* zu unterscheiden ist. Die Windsee verursacht der unmittelbar wehende Wind, während die Dünung ein Seegang ist, der indirekt von Winden in Bewegung gebracht wird, die andernorts wehen oder geweht haben. Gefährlich werden kann der Seegang in *Kreuzseen,* einer Erscheinung in den Oberflächenwellen der Meere, die durch die Überlagerung zweier Wellensysteme mit verschiedenen Fortbewegungsrichtungen entsteht. Bei entsprechendem Seegang stellt sich häufig die unangenehme Erscheinung der *Seekrankheit* ein. Diese können Sie aber oft vermeiden, wenn Sie sich an folgende Tipps halten:

- Gehen Sie nicht in die Kajüte (es sei denn, Sie liegen dort), sondern halten Sie sich im Cockpit auf.
- Schauen Sie nicht im Cockpit herum, sondern richten Sie Ihren Blick zum Horizont.
- Schauen Sie nicht durch ein Fernglas oder den Sucher einer Kamera.
- Übernehmen Sie – wenn möglich – rechtzeitig das Ruder und steuern Sie die Yacht.

Spezielle Winde und gefahrenträchtige Wettererscheinungen

Land- und Seewind

Bedingt durch Sonneneinstrahlung und die periodisch im Laufe eines Tages wechselnde Erhitzung und Abkühlung des Landes können thermische Winde als lokales Windsystem entstehen. Während die Wassertemperatur Tag und Nacht fast gleich warm bleibt, steigt die Landtemperatur während des Tages stark an, die Luft erhitzt sich am Erdboden und dehnt sich deshalb nach oben aus. Es entsteht dadurch in der Höhe ein Überdruck mit Abfließen von Luft in Meerrichtung und mit am Boden einsetzendem Druckfall. Als Folge ergibt sich ein flaches Tief, in welches die Luft von See her einströmt.

➤ Es erscheint der Seewind, der sich vormittags bis zu einem gewissen

Obere Abb. = Seewind, untere Abb. = Landwind. Die Kühle der Nacht bewirkt einen ablandigen Wind, der sich tagsüber bei zunehmender Sonneneinstrahlung in einen auflandigen Wind umkehrt.

Höhepunkt – der am frühen Nachmittag liegt – entwickeln kann.

Nachts ist der umgekehrte Kreislauf zu beobachten. Bei klarem Wetter kühlt das Land stark ab, die Luft sinkt in sich zusammen, in der Höhe entsteht ein Druckgefälle vom Meer zum Land und verursacht den Aufbau hohen Druckes über Land. Daraus fließt am Boden die Luft zum Meer ab.

➤ Es entsteht der Landwind, der in den Stunden vor Sonnenaufgang am stärksten weht. Meist bläst der Seewind etwas kräftiger als der Landwind.

Kap- und Düseneffekt, Fallwind

Spezielle Windsituationen, auf die der Fahrtensegler im Küstenbereich achten sollte, sind der Kapeffekt, der Düseneffekt und der Fallwind. Der Wind kann sich wesentlich verstärken, seine Richtung ändern oder sich verwirbeln und somit die Fahrt beeinträchtigen.

Ein **Kapeffekt** kann auftreten, wenn der Wind ein hohes Kap bzw. eine Ecke umströmt. Er passt sich hier den Formen an und verstärkt sich zugleich erheblich in Kapnähe. Sehr hohe Kaps erzeugen zusätzlich noch in Lee eine unangenehme Wirbelzone.

Ein **Düseneffekt** mit wesentlicher Windverstärkung tritt auf, wenn der Luftstrom

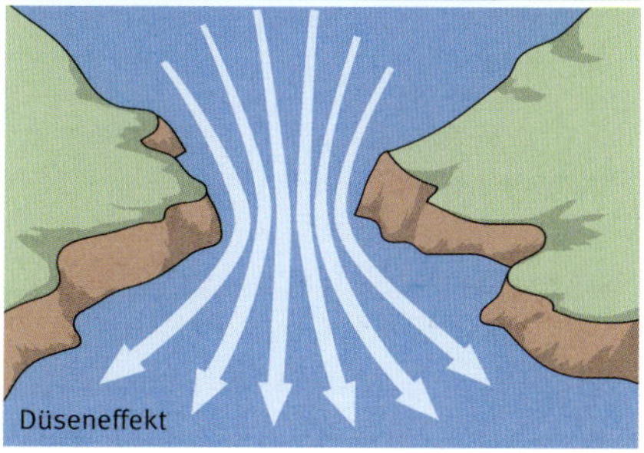

Kap- und Düseneffekt können zu erheblichen Windverstärkungen und zu unberechenbaren Winddrehungen führen.

Fallwinde können unangenehme Windstärken erreichen.

z.B. durch Inseln mit Gebirgen eingeschnürt wird und anschließend wieder ausfächert. Bei härterem Wetter darf der Düseneffekt nicht unterschätzt werden. Überströmt der Wind hohes Land (Gebirge), das steil zur Küste abfällt, so entsteht ein **Fallwind**, wenn über Land höherer Druck und über See ein Tief herrschen. Die kalten, schwereren Luftmassen fallen herab und können mit beträchtlicher Stärke wehen. Bekannte Fallwinde sind z.B. die Bora an der Adria, der Mistral an der südfranzösischen Küste oder der Schirokko an der nordafrikanischen Küste.

Kaltfront

Wegen der auftretenden starken und böigen Winde sollte der Fahrtensegler Kenntnisse von einer *Kaltfront* haben, bei welcher sich das Wettergeschehen gefährlicher zeigt als bei einer Warmfront. Der Durchzug einer Kaltfront dauert etwa ein bis zwei Stunden mit einem deutlichen Windsprung (der Wind dreht schnell nach rechts über W nach NW, d.h., er ist *ausschießend)*. Begleitet wird die Front von einer Haufenbewölkung *(Cumulonimbuswolken)*, Temperaturgegensätzen und heftigen Niederschlägen, Regenschauer, Böen, auch Hagel, Graupel und Frontgewitter. Anschließend herrscht hinter der Front frisches, aufklarendes Wetter bei steigendem Luftdruck und meist nordwestlichen, böigen Winden *(Rückseitenwetter)*.

Typische Erscheinungsbilder beim Durchzug einer Kaltfront

Vor der Front	Bei Frontdurchgang	Hinter der Front
Tiefe Wolkendecke, einsetzender Regen, mögliche Nebelfelder, Luftdruck fallend; häufig erscheint ein Böenkragen.	Typische Wolken: Nimbostratus, Cumulus, Cumulonimbus; heftiger Regen, Schauer teilweise mit Frontgewitter; starke Windzunahme mit Böen, Windsprung (rechtsdrehend); in Schauern teilweise schlechte Sicht; fallende Temperatur.	Bewölkungsauflockerung, nur noch einzelne böige Schauer, Luftdruck stark steigend bei meist nordwestlichen Winden und teilweise ausgezeichneter Sicht; wieder zunehmende Wetterverschlechterung möglich.

Gewitter

Gewitter können für alle Wassersportler und natürlich auch für den Fahrtensegler Gefahr bringen. Folgende Erscheinungen können dabei auftreten:

- Heftige Böen.
- Winddrehungen bis zu 180°.
- Blitzschlag.
- Miserable Sicht.
- Hagelschlag.
- Starker Temperatursturz, hohe Wellen.

Wir unterscheiden zwischen zwei Gewitterarten: Frontgewitter und Wärmegewitter.

Frontgewitter sind innerhalb eines großräumigen Tiefs in der Regel an eine Kaltfront gebunden. Sie drohen immer, wenn nach einer Hochdrucklage mit warmer Luft eine Kaltfront anrückt. **Wärmegewitter** bilden sich örtlich bei sommerlichen Schönwetterperioden aus, wenn erhitzte Luft nach oben drängt und dabei kühlere, darüber lagernde Luftmassen durchstößt. Typisch für ein aufziehendes Gewitter sind die Haufenwolken (Cumuluswolken). Die weißen Schönwetter-Cumuluswolken türmen sich »blumenkohlartig« auf (Cumulus congestus) und entwickeln

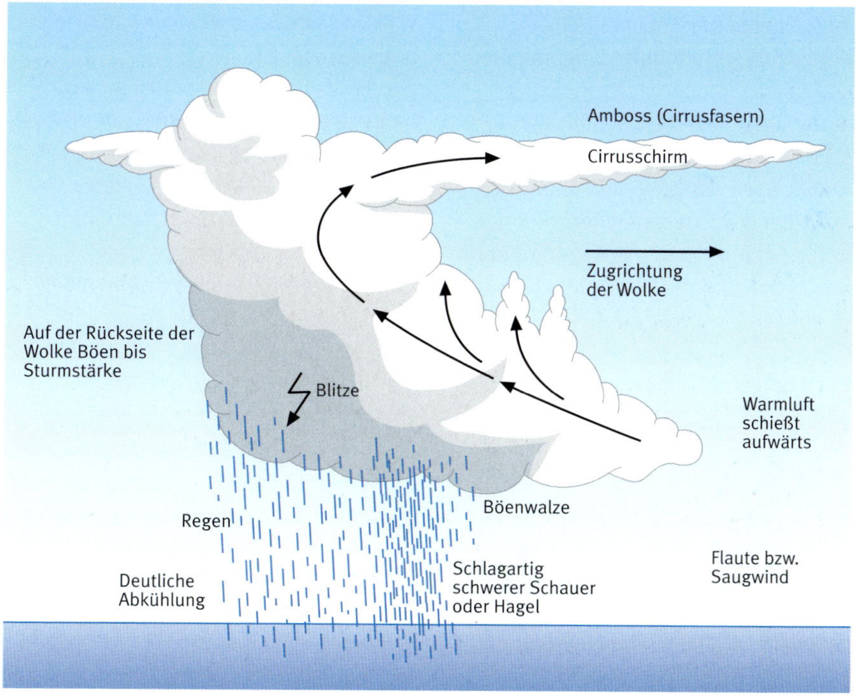

Eine voll entwickelte Cumulonimbus-Wolke. Der Zusatz »nimbus« beim Namen einer Wolke bedeutet, dass sie Niederschlag bringt.

sich zur imposanten Gewitterwolke (Cumulonimbus), die sehr in die Höhe reicht und oben einen weit auseinander fließenden »Amboss« aus Feder- oder Eiswolken (Cirruswolken) zeigt.
Das Gewitter läuft dann folgendermaßen ab:

1. Flaute setzt ein, anschließend wird der Wind angezogen *(Saugwind)* und weht zunächst in Richtung Gewitterwolke. (Je nach Richtung des vorhergehenden Tageswindes sind hier bei Flaute und Saugwind Varianten zu beobachten!)
2. An der Vorderseite der Gewitterwolke bildet sich eine walzenförmige Wolke, der so genannte Böenkragen (auch: *Böenwalze)* mit minutenlang anhaltenden Böen.
3. Es folgen nach kurzer Beruhigung schlagartig schwere Schauer mit Blitz und Donner. Achtung: Jetzt kann sich auch Hagelschlag einstellen!
4. Die Schauer gehen in Regen über, dazu kühlt sich die Luft deutlich ab.
5. Auf der Rückseite der Gewitterwolke weht dann bis zur Wetterberuhigung noch böiger und stürmischer Wind aus unterschiedlichen Richtungen.

Die Entfernung eines Gewitters kann man aus dem Zeitunterschied zwischen Blitz und Donner errechnen: Die Entfernung in Kilometer ergibt sich ungefähr aus dem Zeitunterschied in Sekunden geteilt durch drei.

Wenn Sie einem heranziehenden Gewitter nicht ausweichen können und auf See überrascht werden, dann treffen Sie rechtzeitig angemessene Vorbereitungen (siehe im Kapitel »Verhalten bei schwerem Wetter«). Im Hinblick auf Blitzschutz finden Sie Hinweise in dem Merkblatt *Blitzschutz für Wassersportfahrzeuge* der Kreuzerabteilung des Deutschen Segler-Verbandes.

Wetterinformation

Eine obligatorische Sicherheitsmaßnahme vor jedem Auslaufen und während der Fahrt ist die Information über das Wetter.
Zur Mindest-Sicherheitsausrüstung gehört deshalb ein Rundfunkempfänger. Eine Zusatzausrüstung in Form von UKW-Sprechfunk, Wetterfax- oder Navtex-Gerät bietet noch mehr Informationsmöglichkeiten.
Seewetterberichte mit detaillierten Windprognosen und mit einem ganztägigen Warndienst für Wind und Sturm veröffentlicht der Deutsche Wetterdienst, Seewetteramt in Hamburg.
Speziellere Informationen über die Seewetterberichte kann man erhalten:

➤ Über diverse Rufnummern der Telekom, beginnend mit 0190 (regional gegliedert).
➤ Über Telefax beim Seewetteramt in Hamburg.
➤ Über Küstenfunkstellen.

- Über Rundfunksender (Deutschlandfunk, Deutschlandradio, Radio Bremen, NDR).
- Über T-Online (BTX) und PC-Telefon-Mailbox.
- Einzelheiten über Vorhersagegebiete, Frequenzen, Sendezeiten, Küstenfunkstellen usw. findet man in dem vom BSH herausgegebenen *Nautischen Funkdienst*, dem *Jachtfunkdienst*, dem BSH-Sonderdruck *Wetter- und Warnfunk* und einem vom Seewetteramt herausgegebenen Merkblatt *Sturmwarnungen und Seewetterberichte für die Sport- und Küstenschifffahrt*.

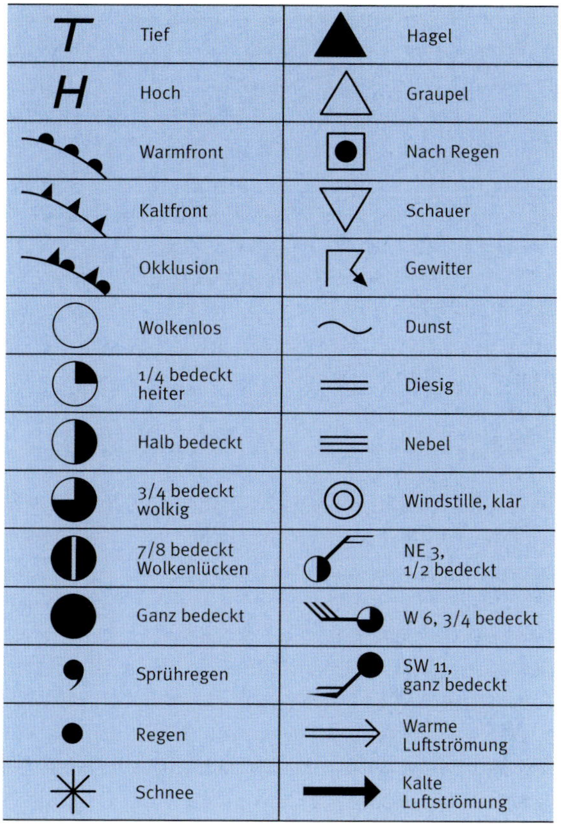

Verwendete Symbole bei der Wetterkarte.

Eine Starkwindwarnung wird für die Windstärke 6 bis 7 herausgegeben, eine Sturmwarnung für Windstärke 8 und mehr nach der Beaufort-Skala. Wichtige Informationen geben auch **Wetterkarten**, in denen die Beobachtungen Hunderter von Stationen verarbeitet werden. Um eine Wetterkarte lesen zu können, müssen Sie die einzelnen Symbole, die verwendet werden, kennen. Als Beispiel zum Lesen einer Wetterkarte sei eine Musterwetterkarte des Deutschen Wetterdienstes *Wetterkundliche Lehrmittel Nr. 5* betrachtet. Die Karte zeigt zwischen Irland und Island ein ausgedehntes Gebiet geschlossener Isobaren eines Tiefdruckgebietes, wobei das Zentrum dieses Tiefs von einer Isobare mit dem Luftdruck 980 hPa umschlossen wird. Die Windbeobachtungen im Bereich dieses Tiefs zeigen, wie die Strömung das Gebiet entgegen dem Uhrzeigersinn umkreist. Auf der rechten Seite nach Südwesten hin herrschen höhere

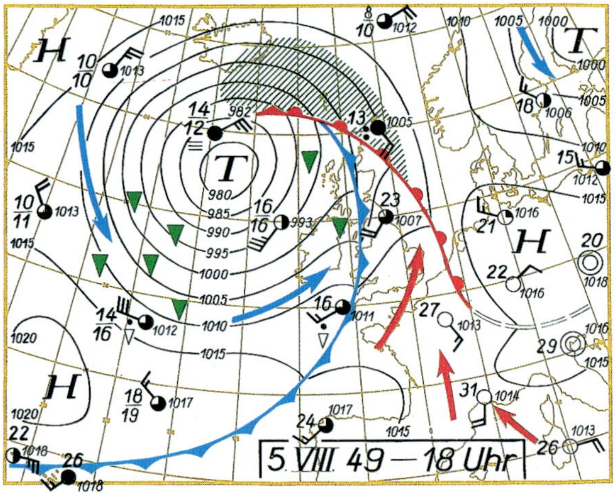

Musterwetterkarte des Deutschen Wetterdienstes.

Barometerstände, dementsprechend sind diese Gebiete in ihrem Kern mit H (= Hoch) bezeichnet. Im Bereich der Zyklone zeigen die Stationsmeldungen teilweise beträchtliche Unterschiede in der Lufttemperatur. Über England-Schottland werden Thermometerstände von 23° beobachtet. Der Wind weht hier aus Südwest mit Stärke 4. Nördlich von Schottland weist die Station auf den Shetland-Inseln jedoch nur 13° auf. Bei völlig bedecktem Himmel fällt hier anhaltend *Landregen*. Auf Grund dieses Temperaturgegensatzes und der Änderung in Wetter und Windrichtung schließt man auf eine Warmfront (Linie mit den Halbkreisen) mit aus Südwesten anströmender wärmerer Luft. Südwestlich davon rückt eine Kaltfront heran mit Schauerbewölkung, Regenschauern und kühlerer Luft. Die auf der Spitze stehenden Dreiecke südwestlich des Zyklonenzentrums zeigen, dass in diesem Gebiet rasch wechselnde Bewölkung und kräftige Schauer auftreten bei einer Windrichtung um NW und Stärke 6. Im nördlichen Teil der Zyklone hat die Kaltfront die Warmfront eingeholt und es hat sich eine Okklusionsfront gebildet. Rechts oben in der Karte sehen wir über Skandinavien ein abziehendes Tiefdruckgebiet mit einem Strömungspfeil, der auf aus NW nachfließende Kaltluft (Rückseitenkaltluft) hinweist. Die Warmfront auf diesem Kartenbeispiel schließlich ist nach Osten hin über Frankreich und Deutschland unterbrochen und ohne die Halbkreise weitergezeichnet. Nördlich davon herrschen Temperaturen von etwas über 20°, südlich davon bis zu 29° bei Windstille.

Seeverkehrs-recht

Verkehrsvorschriften

Auf den deutschen *Seeschifffahrtsstraßen* gelten folgende Verkehrsordnungen:

➤ *Internationale Regeln von 1972 zur Verhütung von Zusammenstößen auf See (Kollisionsverhütungsregeln – KVR)* sowie Verordnung zu den Kollisionsverhütungsregeln.

➤ Die nationale *Seeschifffahrtsstraßen-Ordnung (SeeSchStrO).*

➤ Die *Schifffahrtsordnung Emsmündung* (ausschließlich für Ems und Leda).

➤ Die besonderen *Befahrungsregelungen für Nationalparke Wattenmeer und Naturschutzgebiete.*

Die internationalen Kollisionsverhütungsregeln, die zugleich auf der hohen See gelten, finden im nationalen Bereich jedoch nur insoweit Anwendung, als die Seeschifffahrtsstraßen-Ordnung oder die Schifffahrtsordnung Emsmündung nichts anderes bestimmen. Darüber hinaus haben die Wasser- und Schifffahrtsdirektionen Nord und Nordwest in den Bekanntmachungen zur Seeschifffahrtsstraßen-Ordnung und zur Schifffahrtsordnung Emsmündung jeweils für ihren Bereich örtliche Sonderregelungen erlassen.

Fahrzeugführer und Definitionen

➤ **Fahrzeugführer:** Er ist auf einem Fahrzeug für die Befolgung der strom- und schifffahrtpolizeilichen Vorschriften verantwortlich. Steht vor Antritt der Fahrt nicht fest, wer der Fahrzeugführer ist, und sind mehrere Personen zum Führen eines Fahrzeuges berechtigt, dann ist vorher zu bestimmen, wer der verantwortliche Fahrzeugführer ist. Ist jemand infolge des Genusses alkoholischer Getränke oder anderer berauschender Mittel in der sicheren Fahrzeugführung behindert, so ist ihm diese Führung verboten.

➤ Ein **Manöver des letzten Augenblicks** ist ein vom Kurshalter notfalls eingeleitetes Ausweichmanöver. Es muss gefahren werden, wenn der Kurshalter dem Ausweichpflichtigen aus irgendeinem Grund so nahe gekommen ist, dass ein Zusammenstoß durch Manöver des Letzteren allein nicht vermieden werden kann. Normalerweise dreht man nach Stb ab. Macht ein Kurshalter von der Möglichkeit Gebrauch, in gefährlich erscheinender Lage selbst rechtzeitig zu manövrieren, so wäre das ein Manöver des vorletzten Augenblicks.

➤ Kann ein Fahrzeug wegen außergewöhnlicher Umstände nicht wie vorgeschrieben manövrieren und daher nicht ausweichen, so gilt es als **manövrierunfähiges Fahrzeug**.

➤ Ist ein Fahrzeug durch die Art seines Einsatzes behindert, so wie vorgeschrieben zu manövrieren, und kann es deshalb nicht ausweichen, so gilt es als **manövrierbehindertes Fahrzeug** (z. B. Fahrzeug, das Seezeichen oder anderes auslegt, das baggert, andere Arbeiten oder Versorgungsmanöver ausführt, Fahrzeug beim Minenräumen oder erheblich behindert beim Schleppvorgang).

➤ Jedes Fahrzeug muss mit einer **sicheren Geschwindigkeit** fahren, sodass es geeignete Maßnahmen treffen kann, um einen Zusammenstoß zu vermeiden. Es muss dabei innerhalb einer Entfernung zum Stehen gebracht werden können, die den gegebenen Umständen und Bedingungen entspricht.

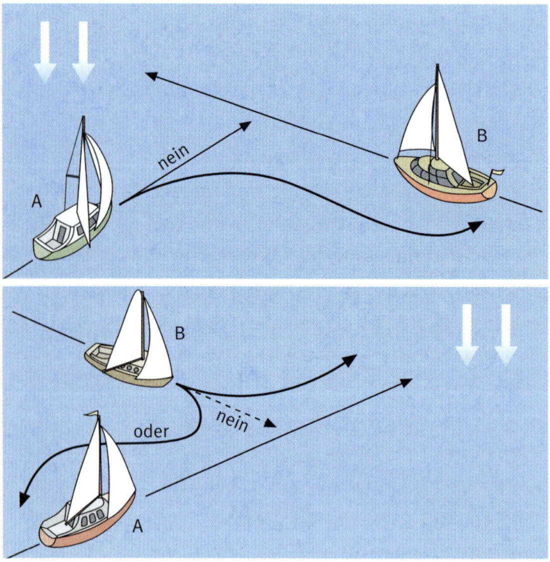

Ausweichregeln nach den KVR: A hat den Wind von backbord und muss ausweichen (oben).

A und B haben den Wind von derselben Seite, B ist das luvwärtige Boot und muss ausweichen (unten).

➤ Fährt ein **Segelfahrzeug mit Maschinenkraft**, auch wenn es gleichzeitig unter Segel ist, so gilt es als Maschinenfahrzeug.

Fahr- und Ausweichregeln

1. Nach den Kollisionsverhütungsregeln (KVR)

Zu unterscheiden ist zwischen einem ausweichpflichtigen Fahrzeug und dem Kurshalter. Der Ausweichpflichtige muss möglichst frühzeitig Kurs oder Geschwindigkeit ändern, um sich gut klar zu halten. Der Kurshalter dagegen muss Kurs und Geschwindigkeit beibehalten. Stellt ein Kurshalter fest, dass ein anderes Fahrzeug seiner Ausweichpflicht nicht nachkommt, kann er durch fünf kurze Töne auf diese Pflicht hinweisen. Wird trotzdem nicht ausgewichen, darf der Kurshalter zur Abwendung eines Zusammenstoßes selbst manövrieren. Hört man bei verminderter Sicht vorlicher als querab das Nebelsignal eines anderen Fahrzeuges, so muss die Fahrt auf das für die Erhaltung der Steuerfähigkeit geringstmögliche Maß verringert werden. Erforderlichenfalls ist sogar jegliche Fahrt wegzunehmen, bis die Gefahr eines Zusammenstoßes vorüber ist. Wichtige Grundregeln sind aus den folgenden Abbildungen zu ersehen. Wie die Signalkörper auf den Fahrzeugen zu deuten sind, können Sie der Abbildung im Kapitel »Signalkörperführung« entnehmen.

2. Im Fahrwasser nach SeeSchStro

In einem Fahrwasser gelten Sonderregeln nach der SeeSchStrO, der deutschen Zusatzregelung zu den KVR.

Fahrwasser sind die Teile der Wasserflächen, die durch die Schifffahrtszeichen B.11 und B.13 der Anlage I der SeeSchStrO begrenzt oder gekennzeichnet sind (siehe dazu auch »Landmarken, Seezeichen, Betonnungssystem«).

Im Fahrwasser muss immer so weit wie möglich rechts gefahren werden.

Vorfahrt im Fahrwasser haben dem Fahrwasserverlauf folgende Fahrzeuge gegenüber Fahrzeugen, die:

- In das Fahrwasser einlaufen.
- Das Fahrwasser queren.
- Im Fahrwasser drehen.
- Ihre Anker- und Liegeplätze verlassen.

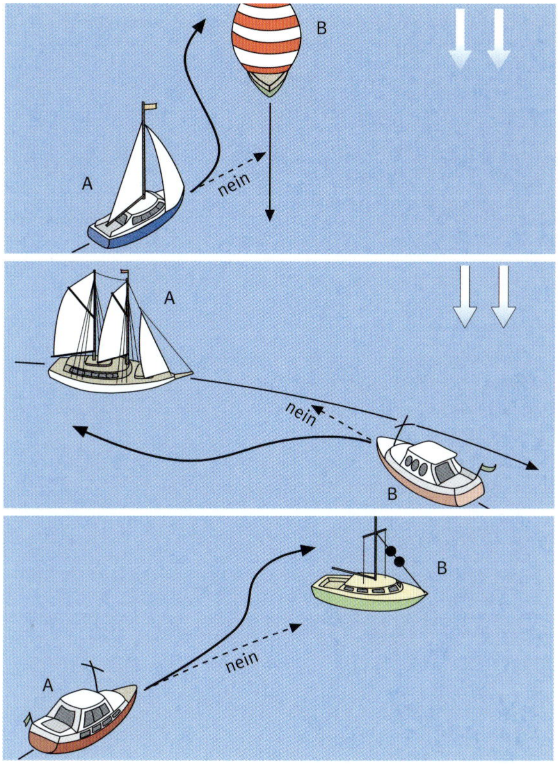

A hat den Wind von backbord, es kann aber bei der Luvyacht nicht mit Sicherheit feststellen, ob sie den Wind von backbord oder steuerbord hat. A muss daher ausweichen.

B ist Maschinenfahrzeug und muss dem Segelfahrzeug A ausweichen.

A (Motor- oder Segelboot) muss dem manövrierunfähigen Fahrzeug B ausweichen.

Gegenüber Fahrzeugen, die in das Fahrwasser aus einem **abzweigenden** oder **einmündenden** Fahrwasser einlaufen, gilt das Vorfahrtsrecht unabhängig davon, ob die Fahrzeuge dem Fahrwasserverlauf folgen.

Bei einer **Engstelle** hat Vorfahrt:

- In Tidengewässern und in tidenfreien Gewässern mit Strömungen das mit dem Strom fahrende Fahrzeug, bei Stromstillstand das Fahrzeug, das vorher gegen den Strom gefahren ist.
- In tidefreien Gewässern ohne Strömung das Fahrzeug, das grundsätzlich die Steuerbordseite des Fahrwassers zu benutzen hat.

Sonderregelungen für **Segelfahrzeuge** waren nach der SeeSchStrO ursprüng-

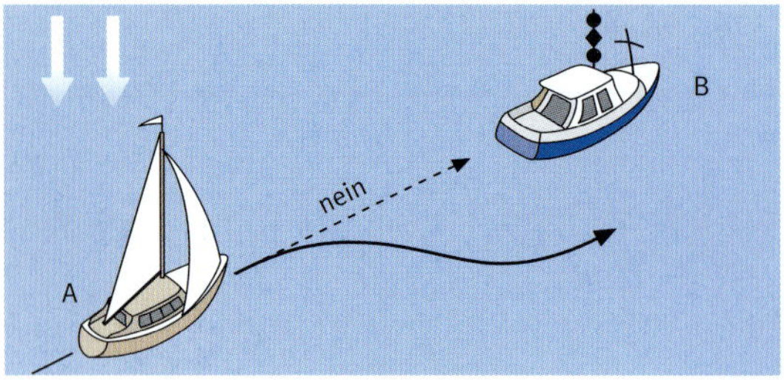

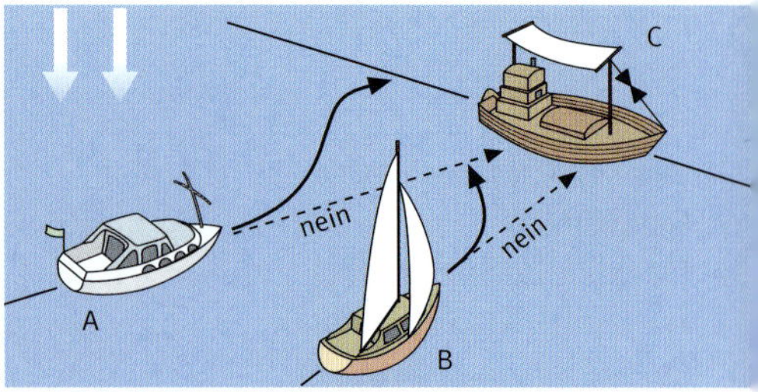

A (Segel- oder Motorboot) muss dem manövrierbehinderten Fahrzeug B ausweichen (oben links).

C ist ein fischendes Fahrzeug. Das Maschinenfahrzeug A und das Segelfahrzeug B müssen ausweichen (oben rechts).

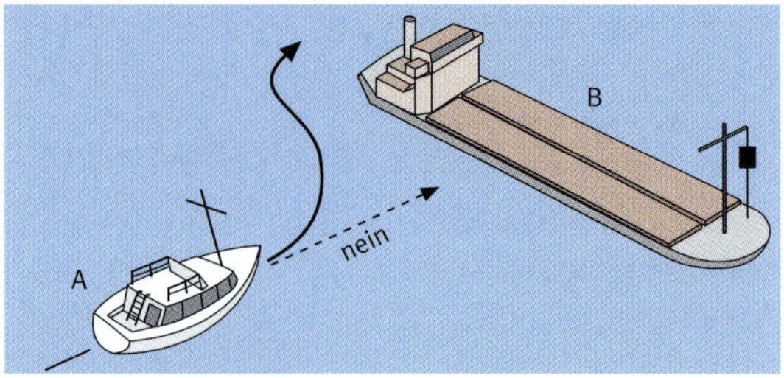

B ist ein tiefgangbehindertes Fahrzeug. A muss vermeiden, dessen sichere Durchfahrt zu behindern und somit ausweichen (oben).

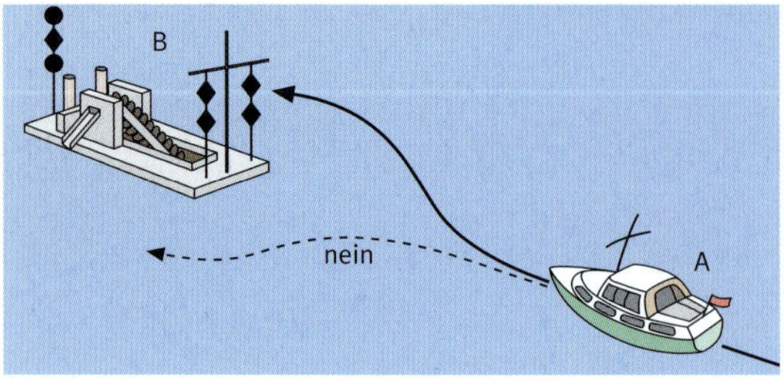

B ist ein manövrierbehindertes Fahrzeug, das baggert und dabei die Schifffahrt behindert. Obwohl hier die Vorbeifahrt an beiden Seiten möglich (jeweils zwei Rhomben!) ist, muss A im Fahrwasser rechts vorbeifahren (links).

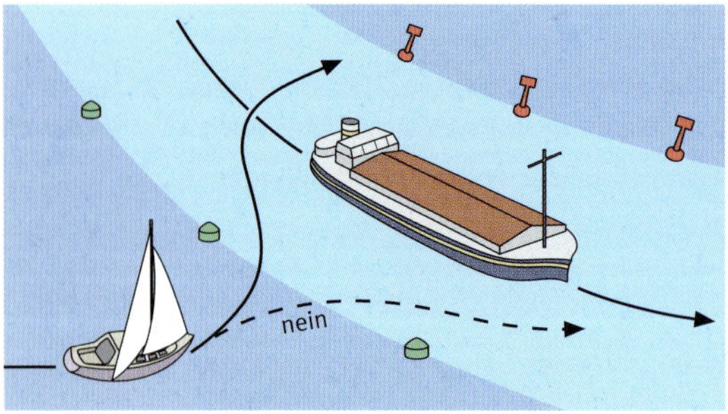

Fahrzeuge, die in ein Fahrwasser einlaufen oder es queren, müssen die Vorfahrt der im Fahrwasser fahrenden Schiffe beachten.

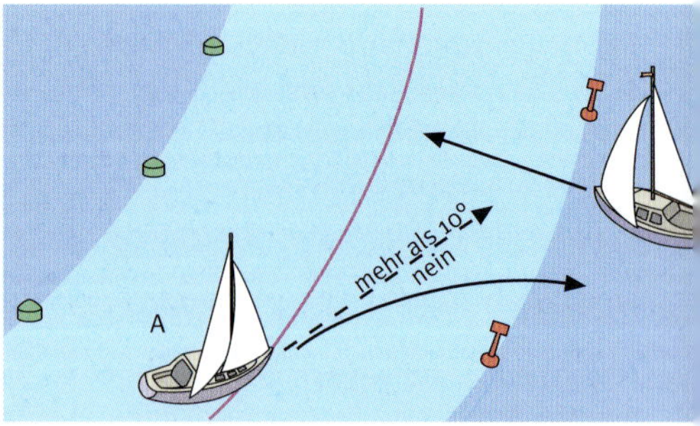

Beide Segler, ob innerhalb oder außerhalb des Fahrwassers, folgen nicht dem Fahrwasserverlauf (Boot A hat eine Abweichung von über 10° zur Fahrwasserachse), sie müssen nach den Regeln der KVR ausweichen.

lich nicht vorgesehen. Nach einer Neufassung (ab 1.11.1998) wird klar unterschieden, ob ein Segler dem Fahrwasserverlauf (mit einer maximalen Abweichung von 10° zur Fahrwasserachse) folgt oder mehr als 10° abweicht. Kreuzen beispielsweise zwei Segelyachten im Fahrwasser auf und weichen die beiden Kurse eindeutig vom Fahrwasserverlauf ab, so müssen sie untereinander wie gewohnt nach den Regeln der KVR ausweichen.
Folgt dagegen eine Segelyacht eindeutig dem Fahrwasserverlauf und kreuzt eine andere Segelyacht deren Kurs mit mehr als 10° Abweichung zur Fahrwasserachse, so hat die erste Yacht Vorfahrt, unabhängig von der Segelstellung.

Ein enges Fahrwasser: An der Steuerbordseite (von See kommend) befinden sich grüne Spitztonnen (evtl. mit grünem Kegel, Spitze oben), an der Backbordseite rote Spierentonnen mit rotem Zylinder als Toppzeichen (ganz oben).
Einem tiefgangbehinderten Fahrzeug weicht man auch als Segler selbstverständlich aus (oben).

In einem vielbefahrenen Fahrwasser heißt es stark aufpassen. Wenn man sich als Segler von solchen Großschiffen nicht deutlich fern hält, kann es gefährlich werden (oben).

Hier ging es knapp zu. Die linke Yacht hatte Wind von backbord und war ausweichpflichtig (rechts).

Lichterführung

Zwischen Sonnenunter- und Sonnenaufgang sind die vorgeschriebenen Lichter zu führen. Tagsüber auch bei verminderter Sicht.
Man unterscheidet in erster Linie die Seitenlichter (rot = Backbordseite, grün = Steuerbordseite), Topplicht (weiß), Hecklicht (weiß), Rundumlicht (weiß oder farbig), Schlepplicht (gelb mit Hecklichteigenschaften).
Grundlegende Lichterführung verschiedener Schiffe nach den KVR erkennen Sie anhand folgender Abbildungen:

Segelfahrzeug in Fahrt.

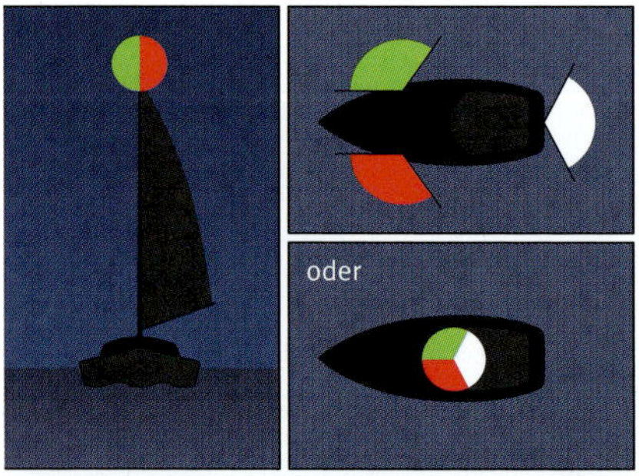

Seitenlichter, als Zweifarbenlaterne bei Fahrzeugen unter 20 m Länge.

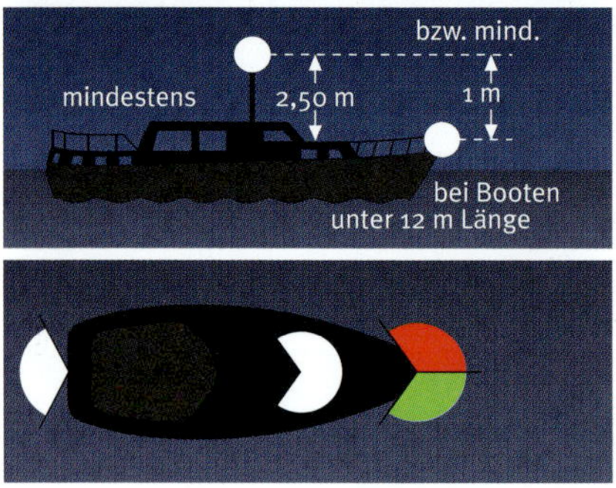

Zusätzliche mögliche Lichter eines Segelfahrzeugs in Fahrt.

Maschinenfahrzeug unter 50 m Länge.

Maschinenfahrzeug von 50 m Länge und darüber.

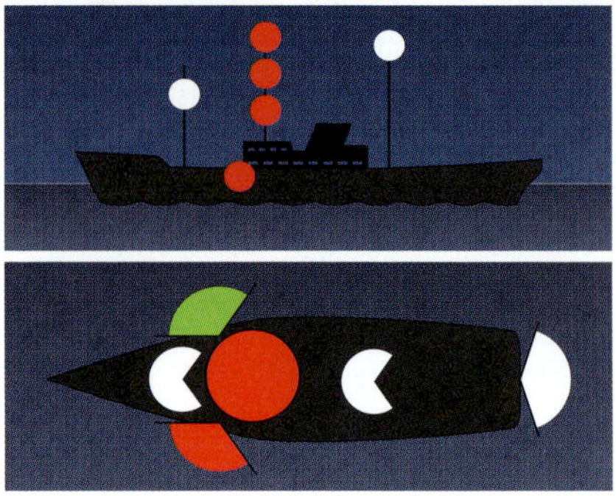

Tiefgangbehindertes Fahrzeug (rechts).

Manövrierunfähiges Fahrzeug.

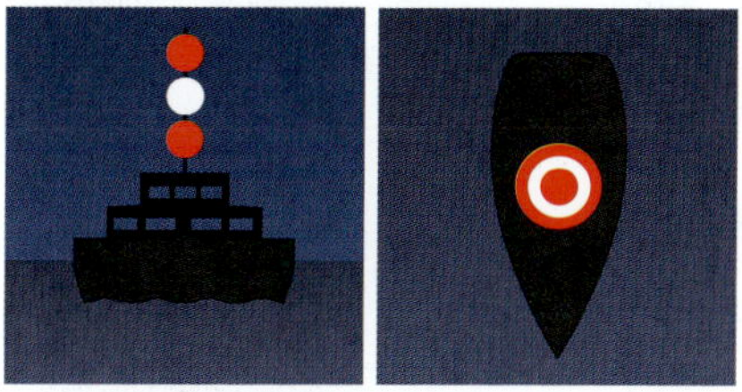

Manövrierbehindertes Fahrzeug.

Manövrierbehindertes Fahrzeug, das baggert oder Unterwasserarbeiten ausführt.

Ein trawlender Fischer ohne Fahrt durchs Wasser.

Nicht trawlender Fischer.

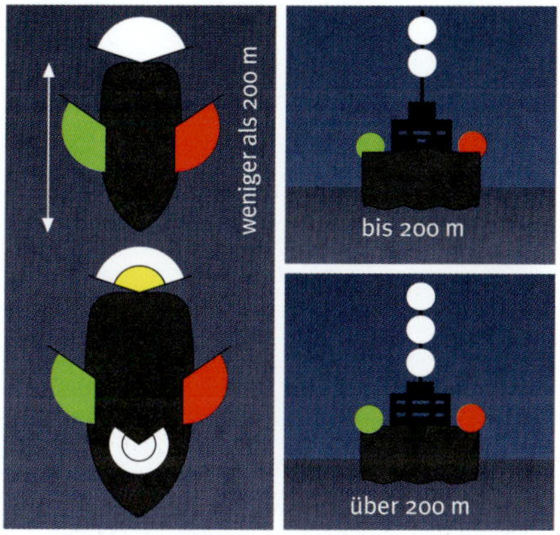

Schleppzug.

Ankerlieger von 50 m und mehr.

Fahrzeug auf Grund und vor Anker (über 50 m Länge).

Mithilfe der Lichter zeigen Wasserfahrzeuge bei Nacht ihre Position bzw. Lage an. Infolge des Sichtwinkels der verschiedenen Lichter und der Farben Rot und Grün der Seitenlichter kann man erkennen, ob ein Schiff auf den Beobachter zufährt, davon wegfährt oder quert. Auch Rückschlüsse auf die Größe und Art des Wasserfahrzeuges sind zu ziehen.

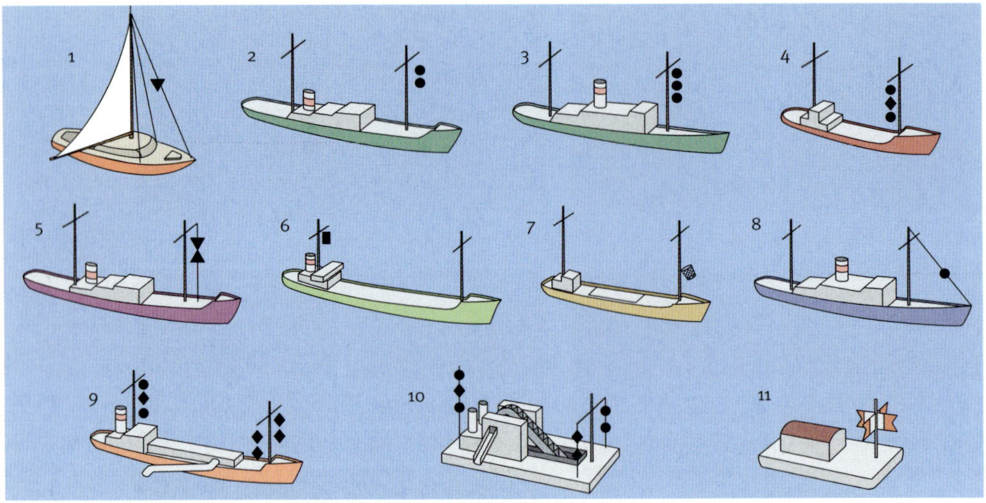

1: Fahrzeug unter Segel und Motor.
2: Manövrierunfähiges Fahrzeug.
3: Auf Grund sitzendes Fahrzeug.
4: Manövrierbehindertes Fahrzeug.
5: Fischendes Fahrzeug.
6: Tiefgangbehindertes Fahrzeug.
7: Fischendes Fahrzeug unter 20 m.
8: Ankerlieger.
9: Manövrierbehindertes Fahrzeug, das baggert oder Unterwasserarbeiten ausführt (vorbeifahren an der Seite, die in Fahrtrichtung rechts liegt).
10: Wie Nr. 9, aber an der Seite der Rhomben passieren.
11: Fahrzeug bei Taucherarbeiten, das nicht alle Signale führen kann.

Signalkörperführung

Tagsüber müssen in der Seeschifffahrt (nach den KVR) die Regeln über Signalkörper befolgt werden. Diese Signalkörper sind schwarz und haben die Form von einem Ball, Zylinder, Kegel, Rhombus und Stundenglas. In der Abbildung oben können Sie sehen, wie einzelne Fahrzeuge zu identifizieren sind.

Schallsignale

Man unterscheidet Manöver- und Warnsignale mit Pfeife für Fahrzeuge in Sicht und Schallsignale bei verminderter Sicht (Nebel), die alle zwei Minuten mit der Pfeife bzw. bei Ankerliegern und Grundsitzern jede Minute mit Glocke und teilweise mit Gong gegeben werden. Fahrzeuge unter zwölf Meter Länge müssen keine speziellen Schallsignalanlagen mitführen, sie müssen aber mit einem anderen Gerät zu Abgabe eines kräftigen Schallsignals versehen sein.

Wichtige Schallsignale für die Seeschifffahrt

Signal	Bedeutung
–	Achtung
– • • • •	Gefahr- und Warnsignal
– • • • •	
•	»Ich ändere meinen Kurs nach Steuerbord.«
• •	»Ich ändere meinen Kurs nach Backbord.«
• • •	»Meine Maschine arbeitet rückwärts.«
• • • • •	Bitte Ausweichpflicht nachkommen
• – • •	Aufforderung zum Anhalten
– 1)	Maschinenfahrzeug in Fahrt, Fahrt durchs Wasser
– – 1)	Maschinenfahrzeug in Fahrt, keine Fahrt durchs Wasser
– • • 1)	– Manövrierunfähige Fahrzeuge – Tiefgangbehinderte Fahrzeuge – Schleppende oder schiebende Fahrzeuge – Segelfahrzeuge in Fahrt – Manövrierbehinderte Fahrzeuge in Fahrt oder vor Anker – Fischende Fahrzeuge in Fahrt oder vor Anker
– • • • 1)	Letztes bemanntes Fahrzeug eines Schleppzuges
 2)	Ankerlieger unter 100 Meter Länge
  2)	Ankerlieger über 100 Meter Länge
• – •	Warnsignal eines Ankerliegers
– – •	»Ich beabsichtige, Sie an Ihrer Steuerbordseite zu überholen.«
– – • •	»Ich beabsichtige, Sie an Ihrer Backbordseite zu überholen.«
– • – •	Zustimmung des zu überholenden Fahrzeuges zum Überholen
• – 3)	»Bleib-weg-Signal«: 1 kurzer, 1 langer Ton »Gefahr durch frei werdende Güter – Brand- und Explosionsgefahr – Abstand halten.«

1) Signale bei verminderter Sicht, mindestens alle 2 Minuten.
2) Signale bei verminderter Sicht, mindestens jede Minute.
3) mindestens 5 x hintereinander mit jeweils 2 Sekunden Zwischenpause.

Darstellung der Schallsignale:

– 1 langer Ton

• 1 kurzer Ton

 Rasches Läuten der Glocke (5 Sek.)

 Rasches Schlagen des Gongs

Anhang

Checkliste für Törnvorbereitung

- **Allgemeine Termine:** Urlaub genau einplanen, Abreise und Ankunft festlegen, sich um Slippmöglichkeit kümmern, vor Törnbeginn evtl. noch Zahnarzt bzw. Hausarzt aufsuchen?
- **Ankergeschirr:** Welche(r) Anker an Bord? Kettenlänge, Trosse, Länge des Kettenvorlaufs, Befestigung (Schäkel, Poller bzw. Klampen), Ankerspill vorhanden und funktionsfähig?
- **Bordapotheke:** Überprüfen, gegebenenfalls aussondern und ergänzen.
- **Deck der Yacht:** Überprüfen von Luken, Reling und Beschlägen.
- **Elektrische Einrichtung:** Batterie (nachladen oder neu beschaffen), Sicherungen, Schalter, Hauptschalter (wann abschalten?).
- **Flaggen:** Bundesflagge, Gastlandflagge(n), evtl. Flagge der Kreuzerabteilung des DSV.
- **Kojen:** Anzahl der Kojen, Decken oder Schlafsäcke, Kissen.
- **Kombüse:** Überprüfung von Kocher, Betriebsstoff, Zündhölzer, Geschirr, Geschirrtücher.
- **Leinen und Fender:** Vor- und Achterleine, Vor- und Achterspring, Schleppleine, Wurfleine, Ersatzleine(n). Mindestens vier Fender.
- **Lichter:** Positionslaternen (Korrosion von Kontakten und Fassungen?), Ankerlicht, Ersatzlampe, Beleuchtung von Kajüte, Taschenlampen (Batterien nicht vergessen!), Brennstoff für Lampen.
- **Maschine:** Wartung, Ölwechsel, Ersatzmaterial, Werkzeug, Betriebsanleitung, Öl zum Nachfüllen, Propellerdrehrichtung in Erfahrung bringen, Getriebeöl, Wellenlager, Kühlsystem inspizieren.
- **Nautische Literatur:** Seehandbuch (evtl. Ergänzungen dazu besorgen), Hafenhandbuch (evtl. Ergänzungen), Leuchtfeuerverzeichnis, evtl. Gezeitentafel bzw. Tidenkalender, gegebenenfalls Jachtfunkdienst, Nautische Nachrichten der Kreuzerabteilung des DSV berücksichtigen, Logbuch.
- **Navigation:** Seekarten (berichtigt?), Steuerkompass, Peilkompass, Peilscheibe, Lot, Log, bei großer Fahrt Sextant, Kursdreieck, Anlegedreieck, Kartenzirkel, Schreibmaterial, Deviationstabelle, Funkbeschickungstabelle bei Funkausrüstung, Fernglas.
- **Papiere:** Schiffspapiere, Personalausweis bzw. Reisepass (Verfallsdatum überprüfen), Bootsversicherung, evtl. Impfatteste, evtl. Waffenbesitzkarte, Grenzdokumente, falls erforderlich Zollpapiere anfordern.
- **Persönliche Gegenstände:** Bekleidung für jedes Wetter, Sonnenbrille, evtl. Ersatzbrille, Fotoapparat bzw. Filmkamera mit Zubehör und Filmmaterial. Zweite

Geldbörse für fremde Währung, Kreditkarte, evtl. Schlafsack, Badeausrüstung ...

- **Pumpen und Seeventile:** Lenzpumpen (Bedienung? Ansaugkörper sauber?), Pumpen für WC und Spüle, alle Seeventile dicht?
- **Reservekanister:** Reservekanister für Wasser und Treibstoff an Bord und gefüllt?
- **Ruder:** Ruderanlage überprüfen (ohne Spiel?), Notruderpinne.
- **Rumpf:** Bilge im Hinblick auf Wasser überprüfen, Bewuchs beim Unterwasserschiff, Schadstellen, wo Undichtigkeit möglich?
- **Segel:** Alle Segel überprüfen, Reffmöglichkeit des Großsegels feststellen, Liste aller Segel, Bezeichnung der Segelsäcke, Reparaturmaterial.
- **Sicherheit:** Fälligkeit der Rettungsinselwartung, Verfallsdatum der Seenotsignalmunition und Rettungswesten überprüfen, Sicherheitsgurte mit Sorgleinen, Beiboot, Feuerlöscher (letztes Prüfdatum, Gebrauchsanweisung), Rettungstalje, Radarreflektor, Nebelhorn, Mensch-über-Bord-Boje mit Nachtrettungslicht, Leckdichtungsmaterial.
- **Signalkörper:** z. B. Kegel (bei Fahren unter Segel und Motor) vorhanden, wo wird er gesetzt?
- **Takelage:** Stehendes und laufendes Gut überprüfen, Sicherung der Wantenspanner, Wantenschneider für Notfall, Bootsmannsstuhl, Material zum Mastlegen und -stellen (Flaschenzug, Stützen) an Bord?
- **Transport:** Bei Yachttransport Verkehrssicherheit des Trailers überprüfen, Zulassungs- und TÜV-Fragen klären und rechtzeitig veranlassen, sich nach Transportvorschriften für Boot auf LKW oder auf Trailer erkundigen (auch für das betreffende Ausland!), Versicherungsfragen klären.
- **Treibstoff:** Tankinhalt feststellen und gegebenenfalls auftanken (auch Reservekanister).
- **Verpflegung:** Proviant und Getränke genau einplanen, Einkauf organisieren.
- **Wasser:** Wassertank(s) auf Sauberkeit überprüfen, Tank(s) auffüllen und Wassermenge feststellen, Reservekanister auffüllen.
- **Werkzeug und Ersatzmaterial:** Überprüfen, evtl. ergänzen.
- **Wetterbericht:** Geeignetes Radiogerät, Liste über Sender bzw. Frequenzen im Hinblick auf Wetterbericht, Wetterkartenvordrucke, evtl. Literatur über Wetter, evtl. Kassettentonbandgerät (Diktiergerät) für Wetterberichtaufnahme.

Jeder Segeltörn muss sorgfältig vorbereitet werden. Im Hinblick auf den Umfang der Vorbereitung muss man unterscheiden, ob es sich um eine gut ausgerüstete und gewartete Yacht eines zuverlässigen Vercharterers handelt oder ob es mit eigener Yacht auf einen längeren Törn gehen soll. Auf dem Foto sind die letzten Vorbereitungen im Gange, gerade wird ein überprüfter Spinnaker in den Sack gepackt.

Übersichten für Skipper und Crew

Interessante Maße für den Fahrtensegler		
1 Seemeile	=	1852 m = 1,852 km (1 Bogenminute am Äquator)
1 engl. Landmeile	=	1609 m = 5280 Fuß
1 Knoten	=	1 Seemeile in der Stunde: Geschwindigkeitsmaß für Schiffe, Wind und Strom
1 Kabellänge	=	0,1 Seemeile = 185,2 m
1 Kettenlänge	=	15 Faden = 27,50 m (Länge einer Ankerkette zwischen zwei Verbindungsschäkeln)
1 Etmal	=	Die innerhalb von 24 Stunden (zwischen 12.00 Uhr Mittag bis zum folgenden Tag mittags 12.00 Uhr) zurückgelegte Distanz in Seemeilen
1 Meridiantertie	=	Der 3600. Teil einer Seemeile = 0,514 m (Maßeinheit für das Relingslog)
1 Zoll	=	1 inch = 2,54 cm
1 Fuß (Foot, ft)	=	12 Zoll = 30,48 cm. 1 Meter (m) = 3,281 Fuß
1 Yard	=	3 Fuß = 91,44 cm
1 Faden	=	2 Yard = 6 Fuß = 1,8288 m (die Tiefen in älteren Seekarten sind noch in Faden angegeben)
1 Quadratfuß (sq.ft.)	=	0,0929 m^2, 1 m^2 = 10,76 sq.ft.
1 Kubikfuß (cu.ft.)	=	0,0283 m^3
1 Unze (Ounce)	=	28,35 g
1 Pfund (Pound)	=	453,60 g
1 Gallon (engl. Imperial Gallon)	=	4,546 l (angloamerikanisches Raummaß, z. B. für Leistungsabgabe einer Lenzpumpe oder den Tankinhalt)
1 Gallon (USA)	=	3,785 l
1 Pint	=	0,568 l
1 Registertonne	=	2,8317 m^3 (Maßeinheit für den Rauminhalt eines Schiffes)
1 PS	=	0,735 kW (neue Angabe der Motorstärke)
1 kW	=	1,359 PS

Tabelle der in Minuten zurückgelegten Seemeilen													
	Fahrt in Knoten												
Minuten	3	3,5	4	4,5	5	5,5	6	6,5	7	7,5	8	8,5	9
1	0,1	0,1	0,1	0,1	0,1	0,1	0,1	0,1	0,1	0,1	0,1	0,1	0,2
2	0,1	0,1	0,1	0,1	0,2	0,2	0,2	0,2	0,2	0,3	0,3	0,3	0,3
3	0,2	0,2	0,2	0,2	0,3	0,3	0,3	0,3	0,4	0,4	0,4	0,4	0,5
4	0,2	0,2	0,3	0,3	0,3	0,4	0,4	0,4	0,5	0,5	0,5	0,6	0,6
5	0,3	0,3	0,3	0,4	0,4	0,5	0,5	0,5	0,6	0,6	0,7	0,7	0,8
6	0,3	0,4	0,4	0,5	0,5	0,6	0,6	0,7	0,7	0,8	0,8	0,9	0,9
7	0,4	0,4	0,5	0,5	0,6	0,6	0,7	0,8	0,8	0,9	0,9	1,0	1,1
8	0,4	0,5	0,5	0,6	0,7	0,7	0,8	0,9	0,9	1,0	1,1	1,1	1,2
9	0,5	0,5	0,6	0,7	0,8	0,8	0,9	1,0	1,1	1,1	1,2	1,3	1,4
10	0,5	0,6	0,7	0,8	0,8	0,9	1,0	1,1	1,2	1,3	1,3	1,4	1,5
11	0,6	0,6	0,7	0,8	0,9	1,0	1,1	1,2	1,3	1,4	1,5	1,6	1,7
12	0,6	0,7	0,8	0,9	1,0	1,1	1,2	1,3	1,4	1,5	1,6	1,7	1,8
13	0,7	0,8	0,9	1,0	1,1	1,2	1,3	1,4	1,5	1,6	1,7	1,8	2,0
14	0,7	0,8	0,9	1,1	1,2	1,3	1,4	1,5	1,6	1,8	1,9	2,0	2,1
15	0,8	0,9	1,0	1,1	1,3	1,4	1,5	1,6	1,8	1,9	2,0	2,1	2,3
16	0,8	0,9	1,1	1,2	1,3	1,5	1,6	1,7	1,9	2,0	2,1	2,3	2,4
17	0,9	1,0	1,1	1,3	1,4	1,6	1,7	1,9	2,0	2,1	2,3	2,4	2,6
18	0,9	1,1	1,2	1,4	1,5	1,7	1,8	2,0	2,1	2,3	2,4	2,6	2,7
19	1,0	1,1	1,3	1,4	1,6	1,8	1,9	2,1	2,2	2,4	2,5	2,7	2,9
20	1,0	1,2	1,3	1,5	1,7	1,8	2,0	2,2	2,3	2,5	2,7	2,8	3,0
21	1,1	1,2	1,4	1,6	1,8	1,9	2,1	2,3	2,5	2,6	2,8	3,0	3,2
22	1,1	1,3	1,5	1,7	1,9	2,0	2,2	2,4	2,6	2,8	2,9	3,1	3,3
23	1,2	1,4	1,5	1,7	1,9	2,1	2,3	2,5	2,7	2,9	3,1	3,3	3,5
24	1,2	1,4	1,6	1,8	2,0	2,2	2,4	2,6	2,8	3,0	3,2	3,4	3,6
25	1,3	1,5	1,7	1,9	2,1	2,3	2,5	2,7	2,9	3,1	3,3	3,5	3,8
26	1,3	1,5	1,7	2,0	2,2	2,4	2,6	2,8	3,1	3,3	3,5	3,7	3,9
27	1,4	1,6	1,8	2,0	2,3	2,5	2,7	2,9	3,2	3,4	3,6	3,8	4,1
28	1,4	1,6	1,9	2,1	2,4	2,6	2,8	3,1	3,3	3,5	3,7	4,0	4,2
29	1,5	1,7	1,9	2,2	2,4	2,7	2,9	3,2	3,4	3,6	3,9	4,1	4,4
30	1,5	1,8	2,0	2,3	2,5	2,8	3,0	3,3	3,5	3,8	4,0	4,3	4,5
31	1,6	1,8	2,1	2,3	2,6	2,9	3,1	3,4	3,6	3,9	4,1	4,4	4,7
32	1,6	1,9	2,2	2,4	2,7	3,0	3,2	3,5	3,8	4,0	4,3	4,5	4,8
33	1,7	1,9	2,2	2,5	2,8	3,1	3,3	3,6	3,9	4,1	4,4	4,7	5,0
34	1,7	2,0	2,3	2,6	2,9	3,1	3,4	3,7	4,0	4,3	4,5	4,8	5,1
35	1,8	2,1	2,4	2,6	2,9	3,2	3,5	3,8	4,1	4,4	4,7	5,0	5,3
36	1,8	2,1	2,4	2,7	3,0	3,3	3,6	3,9	4,2	4,5	4,8	5,1	5,4
37	1,9	2,2	2,5	2,8	3,1	3,4	3,7	4,0	4,3	4,6	4,9	5,2	5,6
38	1,9	2,2	2,6	2,9	3,2	3,5	3,8	4,1	4,5	4,8	5,1	5,4	5,7
39	2,0	2,3	2,6	3,0	3,3	3,6	3,9	4,3	4,6	4,9	5,2	5,5	5,9
40	2,0	2,4	2,7	3,0	3,4	3,7	4,0	4,4	4,7	5,0	5,3	5,7	6,0

Abstand eines Feuers in der Kimm (Sichtweite) in Seemeilen												
Feuerhöhe in Meter	Augenhöhe in Meter											
	0	1	2	3	4	5	6	7	8	9	10	11
2	2,9	5,0	5,9	6,5	7,1	**7,6**	8,0	8,4	8,8	9,1	9,5	9,8
4	4,1	6,2	7,1	7,7	8,3	**8,8**	9,2	9,6	10,0	10,4	10,7	11,0
6	5,1	7,1	8,0	8,7	9,2	**9,7**	10,1	10,5	10,9	11,3	11,6	11,9
8	5,9	7,9	8,8	9,4	10,0	**10,5**	10,9	11,3	11,7	12,1	12,4	12,7
10	6,5	8,6	9,5	10,1	10,7	**11,2**	11,6	12,0	12,4	12,8	13,1	13,4
12	7,2	9,2	10,1	10,8	11,3	**11,8**	12,2	12,6	13,0	13,4	13,7	14,0
14	7,7	9,8	10,7	11,3	11,9	**12,4**	12,8	13,2	13,6	14,0	14,3	14,6
16	8,3	10,4	11,2	11,9	12,4	**12,9**	13,3	13,8	14,1	14,5	14,8	15,1
18	8,8	10,9	11,7	12,4	12,9	**13,4**	13,9	14,3	14,6	15,0	15,3	15,6
20	9,3	11,3	12,2	12,8	13,4	**13,9**	14,3	14,7	15,1	15,5	15,8	16,1
22	9,7	11,8	12,6	13,3	13,8	**14,3**	14,8	15,2	15,6	15,9	16,3	16,6
24	10,1	12,2	13,1	13,7	14,3	**14,8**	15,2	15,6	16,0	16,4	16,7	17,0
26	10,6	12,6	13,5	14,1	14,7	**15,2**	15,6	16,0	16,4	16,8	17,1	17,4
28	11,0	13,0	13,9	14,5	15,1	**15,6**	16,0	16,4	16,8	17,2	17,5	17,8
30	11,3	13,4	14,3	14,9	15,5	**16,0**	16,4	16,8	17,2	17,5	17,9	18,2
32	11,7	13,8	14,6	15,3	15,8	**16,3**	16,8	17,2	17,6	17,9	18,3	18,6
34	12,1	14,1	15,0	15,7	16,2	**16,7**	17,1	17,5	17,9	18,3	18,6	18,9
36	12,4	14,5	15,3	16,0	16,6	**17,0**	17,5	17,9	18,3	18,6	19,0	19,3
38	12,8	14,8	15,7	16,3	16,9	**17,4**	17,8	18,2	18,6	19,0	19,3	19,6
40	13,1	15,2	16,0	16,7	17,2	**17,7**	18,2	18,6	18,9	19,3	19,6	20,0
42	13,4	15,5	16,3	17,0	17,6	**18,0**	18,5	18,9	19,3	19,6	20,0	20,3
44	13,7	15,8	16,7	17,3	17,9	**18,4**	18,8	19,2	19,6	19,9	20,3	20,6
46	14,0	16,1	17,0	17,6	18,2	**18,7**	19,1	19,5	19,9	20,2	20,6	20,9
48	14,3	16,4	17,3	17,9	18,5	**19,0**	19,4	19,8	20,2	20,6	20,9	21,2
50	14,6	16,7	17,6	18,2	18,8	**19,3**	19,7	20,1	20,5	20,8	21,2	21,5
55	15,4	17,4	18,3	18,9	19,5	**20,0**	20,4	20,8	21,2	21,6	21,9	22,2
60	16,0	18,1	19,0	19,6	20,2	**20,7**	21,1	21,5	21,9	22,2	22,6	22,9
65	16,7	18,8	19,6	20,3	20,8	**21,3**	21,8	22,2	22,5	22,9	23,2	23,6
70	17,3	19,4	20,2	20,9	21,5	**21,9**	22,4	22,8	23,2	23,5	23,9	24,2
75	17,9	20,0	20,9	21,5	22,1	**22,6**	23,0	23,4	23,8	24,1	24,5	24,8
80	18,5	20,6	21,4	22,1	22,7	**23,1**	23,6	24,0	24,4	24,7	25,1	25,4
85	19,1	21,2	22,0	22,7	23,2	**23,7**	24,2	24,6	24,9	25,3	25,6	26,0
90	19,6	21,7	22,6	23,2	23,8	**24,3**	24,7	25,1	25,5	25,8	26,2	26,5
95	20,2	22,2	23,1	23,8	24,3	**24,8**	25,2	25,7	26,0	26,4	26,7	27,0
100	20,7	22,8	23,6	24,3	24,8	**25,3**	25,8	26,2	26,6	26,9	27,2	27,6
110	21,7	23,8	24,6	25,3	25,9	**26,3**	26,8	27,2	27,6	27,9	28,3	28,6
120	22,7	24,7	25,6	26,3	26,8	**27,3**	27,7	28,2	28,5	28,9	29,2	29,5
130	23,6	25,7	26,5	27,2	27,7	**28,2**	28,7	29,1	29,5	29,8	30,1	30,5
140	24,5	26,6	27,4	28,1	28,6	**29,1**	29,6	30,0	30,3	30,7	31,0	31,4
150	25,4	27,4	28,3	28,9	29,5	**30,0**	30,4	30,8	31,2	31,6	31,9	32,2
160	26,2	28,3	29,1	29,8	30,3	**30,8**	31,3	31,7	32,0	32,4	32,7	33,0

Segel-Entfernungen in Seemeilen von Cuxhaven aus

Cuxhaven bis	ca. Seemeilen	Cuxhaven bis	ca. Seemeilen
Aalesund	590	Kapstadt	6380
Aberdeen	470	Leith	440
Bergen	450	Leixoes	1120
Bishop Rock	650	Lissabon	1320
Bordeaux	960	London	380
Borkum	85	Madeira	1765
Boulogne	360	Montevideo	6500
Bremerhaven	70	Narvik	1060
Brunsbüttel	16	New York	3550
Cherbourg	484	Nordkap	1280
Colon	4975	Oslo	420
Dover	340	Plymouth	560
Drontheim	735	Ponta Delgada	1740
Dungeness	355	Port Said	3500
Edinburgh	430	Rio de Janeiro	5500
Emden	135	Rotterdam	265
Esbjerg	110	Skagen	300
Falmouth	610	Southampton	455
Gibraltar	1580	Sidney	12 900
Grimsby	320	St. Thomas	4015
Le Havre	455	Teneriffa	1970
Horta (Azoren)	1850	Tromsö	1130
Kap Finisterre	1026	Ushant	640
Kap Hoorn	7830	Vigo	1030

Umrechnungstabelle Seemeilen in Kilometer

1 Seemeile (sm) = 1,852 Kilometer (km)

Beispiele: 2 sm = 1,852 km × 2 = 3,70 km
11 sm = 1,852 km × 11 = 20,37 km

sm	0	1	2	3	4	5	6	7	8	9
0		1,85	3,70	5,55	7,40	9,26	11,11	12,96	14,81	16,66
10	18,52	20,37	22,22	24,07	25,92	27,78	29,63	31,48	33,33	35,18
20	37,04	38,89	40,74	42,59	44,44	46,30	48,15	50,00	51,85	53,70
30	55,56	57,41	59,26	61,11	62,96	64,82	66,67	68,52	70,37	72,22
40	74,08	75,93	77,78	79,63	81,48	83,34	85,19	87,04	88,89	90,74
50	92,60	94,45	96,30	98,15	100,0	101,86	103,71	105,56	107,41	109,26
60	111,12	112,97	114,82	116,67	118,52	120,38	122,23	124,08	125,93	127,78

Berechnungstabelle für die Tagesdurchschnittsgeschwindigkeit					
In 24 Stunden zurückgelegte Distanz in sm	Durchschnittsgeschwindigkeit in kn	In 24 Stunden zurückgelegte Distanz in sm	Durchschnittsgeschwindigkeit in kn	In 24 Stunden zurückgelegte Distanz in sm	Durchschnittsgeschwindigkeit in kn
60	2,50	91	3,79	122	5,08
61	2,54	92	3,83	123	5,125
62	2,58	93	3,875	124	5,17
63	2,625	94	3,92	125	5,21
64	2,67	95	3,96	126	5,25
65	2,71	96	4,00	127	5,29
66	2,75	97	4,04	128	5,33
67	2,79	98	4,08	129	5,375
68	2,83	99	4,125	130	5,42
69	2,875	100	4,17	131	5,46
70	2,91	101	4,21	132	5,50
71	2,96	102	4,25	133	5,54
72	3,00	103	4,29	134	5,58
73	3,04	104	4,33	135	5,625
74	3,08	105	4,375	136	5,67
75	3,12	106	4,42	137	5,71
76	3,17	107	4,46	138	5,75
77	3,21	108	4,50	139	5,79
78	3,25	109	4,54	140	5,83
79	3,29	110	4,58	141	5,875
80	3,33	111	4,625	142	5,92
81	3,375	112	4,67	143	5,96
82	3,42	113	4,71	144	6,00
83	3,46	114	4,75	145	6,04
84	3,50	115	4,79	146	6,08
85	3,54	116	4,83	147	6,125
86	3,58	117	4,875	148	6,17
87	3,625	118	4,92	149	6,21
88	3,67	119	4,96	150	6,25
89	3,71	120	5,00	151	6,29
90	3,75	121	5,04	152	6,33

Distanz-Zeit-Tabelle

Bei gegebener Distanz und Geschwindigkeit ist folgende Zeit erforderlich:

Distanz in sm	Geschwindigkeit in kn													
	3		4		5		6		7		8		9	
	Erforderliche Zeit													
	Tage	Std.	Tage	Std.	Tage	Std.	Tage	Std.	Tage	Std.	Tage	Std.	Tage	Std.
5	–	1,7	–	1,3	–	1,0	–	0,8	–	0,7	–	0,6	–	0,5
10	–	3,3	–	2,5	–	2,0	–	1,7	–	1,4	–	1,2	–	1,1
15	–	5,0	–	3,8	–	3,0	–	2,5	–	2,1	–	1,9	–	1,7
20	–	6,7	–	5,0	–	4,0	–	3,3	–	2,9	–	2,5	–	2,2
25	–	8,3	–	6,3	–	5,0	–	4,2	–	3,6	–	3,1	–	2,8
30	–	10,0	–	7,5	–	6,0	–	5,0	–	4,3	–	3,7	–	3,3
35	–	11,7	–	8,8	–	7,0	–	5,8	–	5,0	–	4,4	–	3,8
40	–	13,3	–	10,0	–	8,0	–	6,7	–	5,7	–	5,0	–	4,4
45	–	15,0	–	11,3	–	9,0	–	7,5	–	6,4	–	5,6	–	5,0
50	–	16,7	–	12,5	–	10,0	–	8,3	–	7,1	–	6,2	–	5,5
55	–	18,3	–	13,8	–	11,0	–	9,2	–	7,9	–	6,8	–	6,1
60	–	20,0	–	15,0	–	12,0	–	10,0	–	8,6	–	7,5	–	6,7
65	–	21,7	–	16,3	–	13,0	–	10,8	–	9,3	–	8,1	–	7,2
70	–	23,4	–	17,5	–	14,0	–	11,7	–	10,0	–	8,7	–	7,8
75	1	1,0	–	18,8	–	15,0	–	12,5	–	10,7	–	9,4	–	8,3
80	1	2,7	–	20,0	–	16,0	–	13,3	–	11,4	–	10,0	–	8,9
85	1	4,3	–	21,2	–	17,0	–	14,2	–	12,1	–	10,6	–	9,4
90	1	6,0	–	22,5	–	18,0	–	15,0	–	12,9	–	11,2	–	10,0
95	1	7,7	–	23,8	–	19,0	–	15,8	–	13,6	–	11,8	–	10,5
100	1	9,3	1	1,0	–	20,0	–	16,7	–	14,3	–	12,5	–	11,1
105	1	11,0	1	2,2	–	21,0	–	17,5	–	15,0	–	13,1	–	11,7
110	1	12,7	1	3,5	–	22,0	–	18,3	–	15,7	–	13,8	–	12,2
115	1	14,4	1	4,8	–	23,0	–	19,2	–	16,4	–	14,4	–	12,8
120	1	16,0	1	6,0	1	0,0	–	20,0	–	17,1	–	15,0	–	13,3
125	1	17,7	1	7,3	1	1,0	–	20,8	–	17,9	–	15,6	–	13,9
130	1	19,3	1	8,5	1	2,0	–	21,7	–	18,6	–	16,3	–	14,4
135	1	21,0	1	9,8	1	3,0	–	22,5	–	19,3	–	16,9	–	15,0
140	1	22,7	1	11,0	1	4,0	–	23,3	–	20,0	–	17,5	–	15,6
145	2	0,3	1	12,3	1	5,0	1	0,2	–	20,7	–	18,1	–	16,1
150	2	2,0	1	13,5	1	6,0	1	1,0	–	21,4	–	18,8	–	16,7
155	2	3,7	1	14,8	1	7,0	1	1,8	–	22,2	–	19,4	–	17,2
160	2	5,3	1	16,0	1	8,0	1	2,7	–	22,9	–	20,0	–	17,8
165	2	7,0	1	17,3	1	9,0	1	3,5	–	23,6	–	20,6	–	18,3
170	2	8,7	1	18,5	1	10,0	1	4,3	1	0,3	–	21,2	–	18,9
175	2	10,3	1	19,8	1	11,0	1	5,2	1	1,0	–	21,9	–	19,5
180	2	12,0	1	21,0	1	12,0	1	6,0	1	1,7	–	22,5	–	20,0
185	2	13,7	1	22,3	1	13,0	1	6,8	1	2,4	–	23,2	–	20,6
190	2	15,3	1	23,5	1	14,0	1	7,7	1	3,2	–	23,8	–	21,1
195	2	17,0	2	0,8	1	15,0	1	8,5	1	3,9	1	0,4	–	21,7
200	2	18,7	2	2,0	1	16,0	1	9,3	1	4,6	1	1,0	–	22,2
300	4	4,0	3	3,0	2	12,0	2	2,0	1	18,9	1	13,5	1	9,3
400	5	13,3	4	4,0	3	8,0	2	18,7	2	9,1	2	2,0	1	20,4

Internationale Buchstabiertafel und Morsezeichen			
Buchstabe	**Morsezeichen**	**Schlüsselwort**	**Aussprache des Schlüsselwortes**
A	•–	Alfa	AL-FAH
B	–•••	Bravo	BRA-WO
C	–•–•	Charlie	TSCHAH-LI
D	–••	Delta	DEL-TAH
E	•	Echo	ECK-O
F	••–•	Foxtrot	FOX-TROTT
G	––•	Golf	GOLF
H	••••	Hotel	HO-TELL
I	••	India	IN-DI-AH
J	•–––	Juliett	JUH-Li-ETT
K	–•–	Kilo	KI-LO
L	•–••	Lima	LI-MAH
M	––	Mike	MEIK
N	–•	November	NO-WEMM-BER
O	–––	Oscar	OSS-KAR
P	•––•	Papa	PA-PAH
Q	––•–	Quebec	KI-BECK
R	•–•	Romeo	RO-MIO
S	•••	Sierra	SSI-ER-RAH
T	–	Tango	TANG-GO
U	••–	Uniform	JU-NI-FORM
V	•••–	Victor	WICK-TAR
W	•––	Whiskey	WISS-KI
X	–••–	X-ray	EX-REH
Y	–•––	Yankee	JENG-KI
Z	––••	Zulu	SUH-LUH
0	–––––	NADAZERO	NAH-DAH-SEH-RO
1	•––––	UNAONE	UH-NAH-WANN
2	••–––	BISSOTWO	BIS-SO-TUH
3	•••––	TERRATHREE	TER-RA-TRIH
4	••••–	KARTEFOUR	KAR-TE-FAUER
5	•••••	PANTAFIVE	PANN-TA-FAIF
6	–••••	SOXISIX	SSOCK-SSI-SSIX
7	––•••	SETTESEVEN	SSET-TEH-SSÄWN
8	–––••	OKTOEIGHT	OCK-TO-ÄIT
9	––––•	NOVENINE	NO-WEH-NAINER
Komma/Dezimalzeichen		DECIMAL	DEH-SSI-MAL
Punkt		STOP	SSTOPP

Wetterregeln	
Beobachtung, Erscheinung	**Wetterprognose**
Stetiges Steigen des Luftdrucks	Hoch naht, Wetterbesserung zu erwarten
Stetiger, langsamer Luftdruckabfall	Tief und schlechteres Wetter nahen
Schneller Luftdruckfall	Schnelle Wetterverschlechterung, viel Wind möglich
Schneller Luftdruckanstieg	Viel Wind oder Sturm
Über 1 hPa Luftdruckfall/h	Sturm
Wind von morgens bis mittags zunehmend, abends abflauend	Beständiges Wetter
Winddrehung nach tagelanger gleicher Richtung	Wetteränderung
Gegen Abend zunehmender Wind	Viel Wind und Regen
Regelmäßige Erscheinung der Thermikwinde (Land- und Seewind)	Gutes Wetter
Thermikwinde bleiben aus	Wetteränderung
Bewölkungsabnahme	Zunehmender Hochdruckeinfluss, Besserung
Bewölkungszunahme	Evtl. Störung durch Tief
Vereinzelte flache, niedrige Haufenwolken	Schönes Wetter
Stark aufquellende Wolkentürme	Gewitter und Böen
Wolken in mehreren Schichten und Höhen	Wetterverschlechterung bzw. Fortdauer eines veränderlichen Wetters
Aus Westen aufziehende hohe Wolken	Schlechtes Wetter
Tiefblauer Himmel	Polarluft, es folgt oft Schauerniederschlag
Blassblauer Himmel	Meist Wetterbeständigkeit
Außergewöhnlich gute Fernsicht	Wetterverschlechterung, Frontannäherung
Schlechte Sicht nach Regen	Weitere Niederschläge

Windstärke und Seegang					
Windstärke (Bft)	**Bezeichnung**	**Geschw. Knoten (m/s)**	**Seegang-Skala (Petersen)**	**Seegang**	**Ungefähre Wellenhöhe in m**
0	Windstille	0 (0–0,2)	0	Glatte See	0
1	Leiser Zug	1–3 (0,3–1,5)	1	Ruhige See	0,1–0,5
2	Leichte Brise	4–6 (1,6–3,3)	2	Schwach bewegte See	0,5–0,7
3	Schwache Brise	7–10 (3,4–5,4)			
4	Mäßige Brise	11–15 (5,5–7,9)	3	Leicht bewegte See	0,7–1,25
5	Frische Brise	16–21 (8–10,7)	4	Mäßig bewegte See	1,25–2,5
6	Starker Wind	22–27 (10,8–13,8)	5	Grobe See	2,5–4
7	Steifer Wind	28–33 (13,9–17,1)	6	Sehr grobe See	4–6
8	Stürmischer Wind	34–40 (17,2–20,7)	7	Hohe See	6–9
9	Sturm	41–47 (20,8–24,4)			
10	Schwerer Sturm	48–55 (24,5–28,4)	8	Sehr hohe See	9–14
11	Orkanartiger Sturm	56–63 (28,5–32,6)	9	Außergewöhnlich schwere See	Über 14
12	Orkan	Über 63 (über 32,6)			

Abkürzungen nach DIN 13 312 (Auswahl)

Bezugsrichtungen

rechtweisend Nord	rwN
missweisend Nord	mwN
Magnetkompass-Nord	MgN

Kurse

rechtweisender Kurs	rwK
missweisender Kurs	mwK
Magnetkompasskurs	MgK
Kurs durchs Wasser	KdW
Kurs über Grund	KüG
Kartenkurs	KaK

Peilungen

rechtweisende Peilung	rwP
missweisende Peilung	mwP
Magnetkompasspeilung	MgP
Seitenpeilung	SP
abgelesene Funkseitenpeilung	q
beschickte Funkseitenpeilung	p
rechtweisende Funkpeilung	rwFuP
Radar-Seitenpeilung	RaSP

Beschickungen, Versetzungen

Missweisung	Mw
Magnetkompassablenkung	Abi
Magnetkompassdeviation	Dev
Fehlweisung	Fw
Beschickung für Wind	BW
Beschickung für Strom	BS
Beschickung für Wind und Strom	BWS
Funkbeschickung	f
Loxodrombeschickung	u
Stromversetzung	StV
Besteckversetzung	BV

Beträge von Geschwindigkeiten, Distanzen

Fahrt durchs Wasser	FdW
Betrag der Stromgeschwindigkeit	StG
Fahrt über Grund	FüG
Distanz durchs Wasser	DdW
Betrag durch Stromversetzung	DSt
Distanz über Grund	DüG
Seemeile	sm

Geographische Koordinaten, Orte

geographische Breite	φ
geographische Länge	λ
Loggeort	O_l
Koppelort	O_k
beobachteter Ort	O_b

Zeitbegriffe

koordinierte Weltzeit	UTC
gesetzliche Zeit	GZ
wahre Ortszeit	WOZ
mittlere Ortszeit	MOZ
Zonenzeit	ZZ
Bordzeit	BZ
Chronometerablesung	Chr
Zeitunterschied	ZU

Wichtige Verbots-, Gebots- und Einschränkungszeichen

Rote Lichter

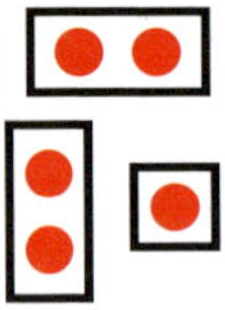

Rote Flagge

Durchfahrt verboten

Tafel

Sperrung einer Teilstrecke

Liegeverbot

Ankerverbot

Festmacheverbot

Wellenschlag vermeiden

Fahrverbot für Fahrzeuge, die weder mit Maschinenantrieb noch unter Segel fahren

Verbot des Wasserskilaufens

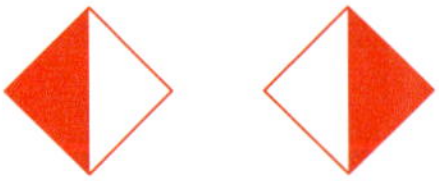

Verbot, außerhalb der angezeigten Begrenzung zu fahren (gilt auf Seeschifffahrtsstraßen nicht für kleine Fahrzeuge)

Überholverbot allgemein

Verbot des Begegnens und Überholverbot

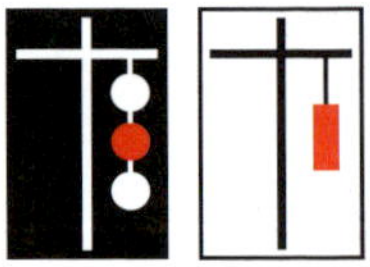

Geschwindigkeitsbeschränkung wegen Gefährdung durch Sog und Wellenschlag

Anhalten

Pfeilrichtung einschlagen

Geschwindigkeitsbeschränkung (in km/Std.)

Schallsignal geben

Gebot, besondere Vorsicht walten zu lassen

Fahrwassereinengung: Abstand in Metern, in dem sich Fahrzeuge vom Tafelzeichen entfernt halten sollen

Signalflaggen (Alphabetflaggen, Zahlenwimpel und Einbuchstaben-Signale)

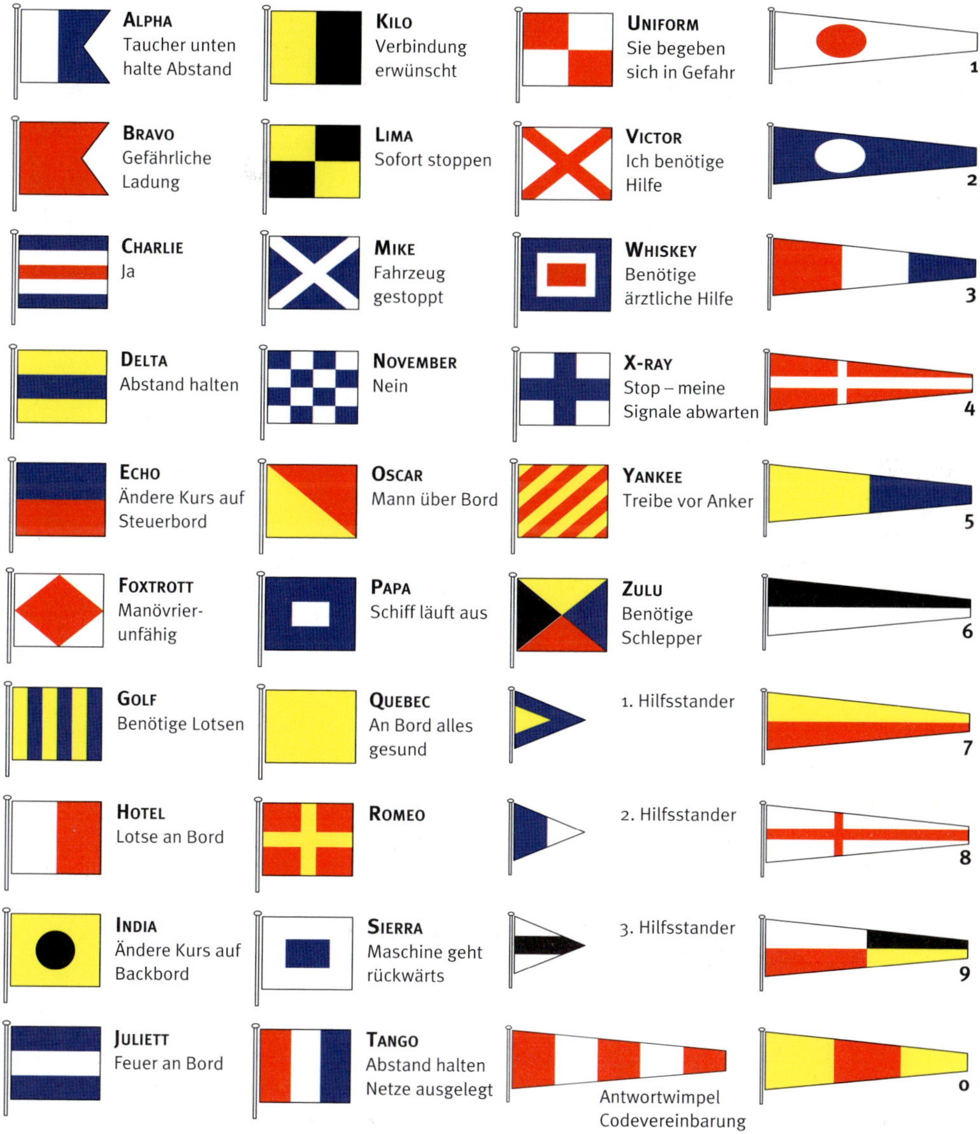